微观审慎和宏观审慎结合视角下的

风险管理研究

RESEARCH ON RISK MANAGEMENT
FROM THE PERSPECTIVE
OF COMBINATION OF MICRO - PRUDENTIALISM
AND MACRO - PRUDENTIALISM

史永奋／著

人民出版社

策划编辑:郑海燕
责任编辑:孟　雪
封面设计:姚　菲
责任校对:邹红梅

图书在版编目(CIP)数据

微观审慎和宏观审慎结合视角下的风险管理研究/史永奋 著. —北京:
　人民出版社,2018.4
ISBN 978－7－01－019004－4

Ⅰ.①微…　Ⅱ.①史…　Ⅲ.①银行风险-风险管理-研究-中国　Ⅳ.①F832.2

中国版本图书馆 CIP 数据核字(2018)第 037707 号

微观审慎和宏观审慎结合视角下的风险管理研究

WEIGUAN SHENSHEN HE HONGGUAN SHENSHEN JIEHE
SHIJIAO XIA DE FENGXIAN GUANLI YANJIU

史永奋　著

人 民 出 版 社 出版发行
(100706　北京市东城区隆福寺街 99 号)

北京汇林印务有限公司印刷　新华书店经销

2018 年 4 月第 1 版　2018 年 4 月北京第 1 次印刷
开本:710 毫米×1000 毫米 1/16　印张:13.5
字数:175 千字

ISBN 978－7－01－019004－4　定价:58.00 元

邮购地址 100706　北京市东城区隆福寺街 99 号
人民东方图书销售中心　电话 (010)65250042　65289539

目　　录

整合风险管理篇

前　言

第三版巴塞尔协议对金融机构提出了微观审慎和宏观审慎相结合的金融监管模式，在此监管模式下，微观层面的整合风险管理和宏观层面的系统性风险管理需要纳入一个统一框架。基于此背景，本书从微观审慎和宏观审慎相结合的视角对整合风险管理与系统管理问题进行了系统研究。首先在微观审慎视角下，给出商业银行的信用风险、市场风险和操作风险的整合风险管理方法，并以我国的14家上市银行为例做了大量实证分析，以信用风险为例给出了商业银行信贷的动态管理策略；然后在宏观审慎视角下，构建了系统风险的预警模型，研究了系统性风险的传染机制、传染过程及度量方法，以中国金融市场为例进行了系统的实证模拟分析，最后给出宏观审慎监管中系统重要性金融机构的评估方法。

全书由史永奋构思、拟定框架并进行全书统稿，在具体写作过程中，史永奋负责第一至第三章的撰写，刘利敏负责第六至第八章的撰写，翟永会负责绪论及第四、第五章的撰写。

本书是风险管理领域的研究成果，适合作为高等院校金融学、金融工程等相关专业高年级学生和研究生的风险管理教材或研究参考用书。作为国家自然科学基金"整合风险管理与系统风险管理——微观审慎和宏观审慎相结合的分析框架"（项目批准文号：71203056）的重要成果，笔者对国家自然科学基金委的资助表示感谢，同时在此一并感谢研究生王少芳、崔林林、耿慧娟、罗孟轲、梁少楠、李路路、冷春蕾、李超、马洁,他们在数据与资料的收集方面做了许多工作。最后,特别感谢郑海燕编辑,她为本书的出版倾注了大量的心血。虽然我们花费大量的时间和精力来完成该著作,但错误和不当之处在所难免,敬请读者指正。

绪　　论

第一节　微观审慎和宏观审慎相结合的监管框架

一、金融环境变化与金融风险产生的新动向

2007 年爆发的次贷危机及其引发的全球金融危机,在对金融系统和实体经济造成重创的同时,也暴露了现有金融监管理论和实践中存在的问题,其中备受关注的一点是,现有的国际金融监管标准即第二版巴塞尔协议(Basel II)仅关注个体金融机构的微观稳健,对金融系统的整体安全关注不够。这引发了金融机构、监管部门和学术界对金融危机的产生根源、金融风险的传播机制和金融监管的制度框架等问题的深刻反思。2010 年 12 月 16 日,第三版巴塞尔协议(Basel III)的出台无疑是国际金融监管变革中最有代表性的事件之一。与第二版巴塞尔协议相比,第三版巴塞尔协议从更加宽广的视角理解风险,确立了微观审慎和宏观审慎相结合的监管框架,旨在从银行个体和金融系统两方面加强金融风险监管。在微观审慎层面,在第二版巴塞尔协议的基础上完善金融机构的风险管理体系和技术,意图提高金融机构在市场波动时期的恢复能力,使银行能够更好地抵挡金融风险的压力;在宏观审慎层面,建立有效的工具和制度标准以强化对系统风险的防范,力求减少具有潜在系统风险的金融机构对整个金融系统的影响,以对全球长期金融稳定和经济增长起到支持作用。其实,理论界对此的关注为时

已久,早在十几年前,克罗克特(Crockett,2000)和阿查里雅(Acharya,2009)已经开始关注微观审慎和宏观审慎的内在矛盾以及两者相互结合的问题。而今,微观审慎和宏观审慎相结合的监管框架成为危机后金融监管改革的热点,也成为风险管理领域的理论研究热点。

二、整合风险管理与系统性风险管理

金融体系是一个复杂的体系,市场的内在运行机制、风险的发生和传播途径、包括监管者在内的参与者行为等因素持续变化且相互作用。为反思金融危机的教训,适应全球金融行业和金融市场的发展,实现金融监管的目标,防范未来危机的发生,危机后的全球金融风险管理理念已经发生了重大变化。该理念主要强调的是微观审慎和宏观审视相结合。

第三版巴塞尔协议从一定意义上可以说是由 2008 年全球金融危机而产生。从 2008 年到 2010 年的三年间,第三版巴塞尔协议逐渐浮出水面,其监管标准进一步强调了微观审慎和宏观审视相结合的理念。第三版巴塞尔协议旨在从银行个体和金融系统两方面加强全球金融风险监管。在单个银行实体(微观审慎)层面,意图提高银行及其他金融机构在市场波动时期的恢复能力,使银行能够更好地抵挡经济金融风险的压力。主要内容包括对原有资本监管要求的完善和流动性标准的建立。在整个金融体系(宏观审慎)层面,力求减少具有潜在系统性风险的银行对整个金融业的影响,以对全球长期金融稳定和经济增长起到支持作用。主要内容是在资本框架中加入逆周期机制,包括逆周期资本缓释和留存资本缓释。

与第二版巴塞尔协议相比,第三版巴塞尔协议主要从以下几个方面进行了调整。①

---

① 关于第三版巴塞尔协议的调整可以参阅巴曙松、朱元倩:《巴塞尔资本协议 III 研究》,中国金融出版社 2011 年版,本部分内容也参考了该书。

第一,改进了资本监管框架。

巴塞尔委员会在第二版巴塞尔协议三大支柱基础上,重点对第一支柱下的资本监管框架进行了改革以提高银行体系稳健性。改革方案包括对监管资本在数量和质量上的提升、对风险覆盖范围的扩大,并将杠杆率作为风险敏感的资本框架的补充措施,应对模型风险和度量错误;最后委员会将一系列宏观审慎工具引入资本框架,缓释顺周期性,解决金融机构的相互关联性以及系统性风险。

第二,对资本进行重新分类和定义。

危机爆发后,在巴塞尔资本协议的资本监管体系中,首先受到质疑的便是第二版巴塞尔协议所延续的三级资本分类。过度的金融创新带来的资本结构的复杂化和多样化造成了资本监管的漏洞,细化资本分类,提高资本质量势在必行。同时金融危机也暴露了资本定义不一致的缺陷,导致全球银行系统由于没有足够的高质量的资本吸收损失,而危机中又难以融资重建其普通股资本基础,放大了金融危机中银行的风险暴露,因此有必要提出全球同归的更高标准的资本定义,保证银行有足够的优质资本吸收损失。

第三,构建多层次监管资本框架。

与第一版巴塞尔协议(Basel I)和第二版巴塞尔协议中第一支柱下的资本监管不同,第三版巴塞尔协议的资本监管不再仅仅限于一般意义上的资本监管层级,构建多层次的资本监管框架、提高资本监管的灵活性是巴塞尔委员会委员为增强银行系统巡视吸收能力而做的另一项重要改革。资本监管从以下四层进行:第一层,提高最低监管资本要求;第二层,资本留存缓冲;第三层,逆周期缓冲资本;第四层,系统重要性银行的附加资本。

可以看出,无论是微观审慎还是宏观审慎,第三版巴塞尔协议在这两方面的内容设计都涉及资本框架的改革,这也反映出资本监管改革仍旧是第三版巴塞尔协议的核心。巴塞尔委员会通过加强资本监管框架提升银行业的抗风险能力;改革监管资本的数量和质量,扩大风险覆盖范围;引入杠杆率强化资本(风险敏感性)基础,用于限制银行体系过高杠杆,并对资本计量中度量和模型风险提供额外保护。同时,通过在资本框架中引入宏观审慎因素,以抑制金融机构间相互联系和影响造成的系统性风险。

微观审慎监管主要从以下四个方面进行。

第一,提升资本质量。巴塞尔委员会对现有的监管资本定义进行了修订,主要体现在:首先,在资本结构上进行了重新细化,将监管资本分为核心一级资本、一级资本和二级资本。其次,制定了资本工具的合格性标准,以提高一级资本工具吸收损失的能力。再次,统一了资本扣除和调整项目,并在普通股权益层面上实施扣除。最后,提高资本结构的透明度,要求银行披露监管资本的所有要素,以及与财务报告科目之间的对应关系。

第二,提高资本充足率监管标准。在加强对银行资本质量监管的同时,巴塞尔委员会也重新审视了第二版巴塞尔协议中关于资本充足率的监管标准。2010年9月12日,中央银行行长和监管当局负责人的会议公告指出,作为吸收损失资本的最高形式,对 CET1 的要求将从现行的2%提高到4.5%,并且将增设2.5%的留存缓冲资本,这样总的普通股权充足率要求将达到7%。

维持普通股权充足率与一级资本充足率和总资本充足率的级差不变,在加上留存缓冲资本后,商业银行普通股(含留存收益)充足率、一级资本充足率和总资本充足率应分别达到7%、8.5%和10.5%。同时,为了冲抵资本充足率的顺周期性,巴塞尔委员会特增设一项新的资本充足率要求,即逆周期缓冲资本,其具体设定可根据不同国家的具体情况和商业银行运营状况在0—2.5%浮动。另外,针对系统重要性,银行还可视具体情况提高其资本充足率。

第三,引入杠杆率作为风险资本的补充。巴塞尔委员会提出将杠杆率监管引入到第二版巴塞尔协议的第一支柱下,以弥补资本充足率监管的单一缺陷。杠杆率定义为一级资本与总风险暴露(表内和表外)的比率,监管红线被确定在3%,作为基于风险的资本指标的补充,其不仅有助于防止银行利用风险资本要求的漏洞,也有助于防止模型风险和计量错误的发生。

第四,流动性风险监管。巴塞尔委员会于2009年12月发布《流动性风险计量、标准和检测的国际框架(征求意见稿)》,并在全球范围内进行定量影响测算。在该框架中,巴塞尔委员会设置了两个监管标准:流动性覆盖率指标和净稳定融资比例指标,同时还提供了一套用于提高不同国家间监管一致性的通用检测指标,包括合同期限错配、融资集中度高、可用的无变现障碍资产、与市场有关的监测工具,以帮助监管当局识别和分析单个银行和银行体系的流动性风险趋势。其中,"流动性覆盖率"定义为优质流动性资产储备和未来30日内的净流出量的比值,且要求该比值应大于或等于100%,用于衡量在设定的严重压力情景下,优质流动性资产能够充分满足短期流动性需要。"净稳定融资比例"指标是指"可用的稳定资金来源"与"业务所需的稳定资金来源"的比值,同样要求该比值大于或等于100%,主要衡量商业银行在未来一年内、在设定的压力情景下,用稳定资金支持表内外资产业务发展的能力。

宏观的审慎监管主要从以下三个方面进行。

目前,第三版巴塞尔协议中关于宏观审慎的措施主要是在资本框架中引入了留存缓释和逆周期缓释机制。此外,还包括对系统重要性银行的监管准则的探讨。

第一,逆周期资本缓释。所谓逆周期资本监管是指监管当局在经济上升期提高对银行的资本要求,增加超额资本储备,用于经济衰退时期弥补损失,以保证商业银行能够持续地达到最低资本要求,维护正常的信贷供给能力。为实现逆周期资本监管,2010年7月10日,巴塞尔委员会发布了《逆周期资本缓冲方案(征求意见稿)》,该方案指出,为了缓解银行体系的顺周期性,资本监管要求应随着经济周期不同阶段的转化和变化体现出应时而变的特征。各国监管机构应根据自身情况确定不同时期的逆周期缓释,其范围在 0—2.5%。如在正常市场情况下,逆周期缓释设为 2.5%;而当监管当局认为市场处于信用过度增长时期,可以将逆周期缓释从 2.5%下调,在严重时期可调为 0,以使逆周期缓释能够全部用来缓解银行在危机时期的压力。

第二,留存资本缓释。巴塞尔委员会认为,金融危机期间许多银行仍在回购股份、分发红利和发放奖金,主要原因是如果其他银行都这样做,不这样做的银行会被认为经营有问题,这种情况对银行的未来竞争将产生不利的影响,最终结果就是所有的银行都这么做,导致银行体系无法通过内源融资渠道来补充资本。因此,解决问题的根本方法就是在市场繁荣时期保留一部分资本作为危机时期的资本缓释。2010 年 9 月,中央银行行长与监管当局负责人会议确定留存资本缓冲为 2.5%,由扣除递延税等其他项目后的普通股权益组成,并指出资本留存缓冲的目的是确保银行在金融经济衰退时能利用缓冲资本来吸收损失。这意味着银行在满足普通股 4.5%、核心一级资本 6%、一级和二级资本 8%最低要求的基础上,还要再预留 2.5%的普通股作为资本留存缓释,因此普通股在最低资本要求和资本留存缓释的要求下总计需达到 7%的最低标准。资本留存缓释将自 2016 年起逐步实行,在 2019 年 1 月 1 日银行需达到 2.5%资本留存缓释的最低标准。尽管银行在危机期间可以利用这一缓冲资本,但银行的监管资本比率越接近最低资本要求,对其利润分配的要求就越严格。

第三,系统重要性银行及其相关的监管。2008 年经济危机凸显了解决"大而不倒"机构道德风险的迫切性,对此,第三版巴塞尔协议提出对系统重要性银行增加额外资本要求、或有资本和自救债务等要求。

但到目前为止,对银行的监管具体的内容层面还在磋商研究之中,其风险管理方法及技术仍有许多悬而未决、尚待研究的问题。例如：系统重要性银行的标准尚未明确？建立额外资本要求与识别系统性影响机构之间的关系如何？额外资本要求如何建立，是针对整个大型银行体系还是仅考虑单个银行的系统重要性？额外资本要求的目的是防止危机发生还是内部化社会成本等。

本书认为：就微观层面而言，单个银行的风险管理需要运用的模式是整合风险管理，即运用一系列模型及技术将单个金融结构的不同类型风险整合在一起进行度量，从而据此设定资本金；就宏观层面而言，整个金融系统的风险更不容易忽视，需要了解风险在整个金融系统内的传染机制、单个金融机构对整个系统风险的边际贡献、单个银行的系统重要性，据此考察是否需要设置额外资本。

有鉴于此，本书从微观审慎与宏观审慎相结合的监管框架出发，对商业银行的整合风险管理与系统风险管理展开研究。

第二节　研究方法

一、整合风险管理的研究方法

第二版巴塞尔协议在第一版巴塞尔协议仅关注信用风险的基础上，确立了信用风险和市场风险等不同类型风险并举的整合风险管理模式，即对不同类型风险进行整合管理。此次金融危机表明，如果不能采取合适的模式对市场风险与信用风险进行整合管理，市场风险与信用风险之间的相互作用将使金融机构的损失进一步恶化。监管机构组织（Senior Supervisors Group，2008）也指出，那些不能很好地对市场风险和信用风险进行整合管理的机构在此次全球金融危机中受到了严重影响，而那些采取综合方法进行整合风险管理的机构受到的影响则比较小。

在整合风险管理中,准确的度量整合风险至关重要。罗森伯格和斯库尔曼(Rosenberg 和 Schuermann,2006)总结了业界常用的三种整合风险度量方法:混合 VaR(Hybrid VaR)、正态 VaR(Normal VaR)和可加 VaR(Additive VaR)。这三种整合风险度量方法存在两个共同特征:假设不同类型资产的收益服从同一类型的边际分布、采用 VaR 度量风险。然而,国内外大量实证研究表明,不同类型资产的收益率可能服从不同类型的边际分布;而且,当资产收益率不服从正态分布时,VaR 不是一致性风险度量(Coherent Risk Measure)。

（一）一致性风险度量

阿特纳等(Artzner 等,1997,1999)提出了一致性风险度量(Coherent Measure of Risk)理论,将满足单调性(Monotonicity)、次可加性(Subadditivity)、正齐次性(Positive Homogeneity)和平移不变性(Translation Invariance)的风险度量称为一致性风险度量,将满足单调性、凸性(Convexity)和平移不变性的风险度量称为弱一致性风险度量。根据一致性风险度量理论,一个好的风险度量应该是一致性风险度量,至少应该是弱一致性风险度量。

VaR(Value at Risk)在非正态分布条件下不满足次可加性和凸性,即 VaR 在非正态分布条件下不是一致性风险度量,甚至不是弱一致性风险度量。而国内外大量经验研究表明,市场风险服从偏态和尖峰厚尾的非正态分布,信用风险服从严重左偏的非正态分布。阿特纳等(Artzner 等,1999)、阿塞尔比和塔舍(Acerbi 和 Tasche,2002)、塞戈(Szego,2005)和亚当等(Adam 等,2008)指出,VaR 不满足次可加性会导致商业银行分行满足资本充足率要求时,作为一个整体的总行可能不满足资本充足率要求;非凸性使其不能用于解决最优化问题。此外,根据 VaR 的定义,对于收益分布左尾部分,VaR 仅关心在最坏的一些极端情形中最好的情形,必将系统性地低估风险。这表明,VaR 作为一个风险度量存在一些缺陷,而且不满足次可加性和凸性使得 VaR 不适合度量整合风险。

鉴于 VaR 的这些缺陷,一些新的风险度量被提出,常用的有尾部条件期望(Tail Conditional Expectation,TCE)、条件 VaR(Conditional VaR,CVaR)和期望损失(Expected Shortfall,ES)。徐松和王品(Xu 和 Wang,2007)在统一的术语体系下,对 TCE、CVaR 和 ES 的关系进行了探讨,发现 CVaR 和 ES 是等价的;当收益率服从连续型概率分布时,TCE、CVaR 和 ES 三者是等价的。

(二) 连接函数理论

国内外大量经验研究表明,市场风险服从偏态和尖峰厚尾的非正态分布,信用风险服从严重左偏的非正态分布,这说明在整合风险度量中采用多元正态分布假设是不合理的。除了多元正态分布外,现有的绝大多数多元分布都是同类型一元分布的扩展,要求边际分布必须是同类型的一元分布,也不适合用于整合风险管理的理论建模。

连接函数(Copula)是近年兴起并被广泛应用的多元分布建模方法。张尧庭(2002)、埃姆布雷克茨等(Embrechts 等,2002,2003)、布伦丹和塔克坞(Brendan 和 Taqqu,2002)等对 Copula 的相关理论进行了较为详细的介绍。采用 Copula 构造多元分布模型可以将边际分布和随机变量之间的相关结构分离开来,单独进行处理,降低了分析问题的难度。而且 Copula 方法没有限制边际分布的类型,从而可以用不同类型的分布描述不同类型的随机变量,增强了金融建模的灵活性。因此,基于 Copula 的多元分布建模方法在金融领域得到了广泛的应用,比如李祥林(Li,2000)用 Copula 研究信用风险模型中的违约相关性;朗金和索尼克(Longin 和 Solnik,2001)用 Gumbel Copula 研究国际上几个主要股票市场的极端相关性;蒂埃里和卡鲁比(Thierry 和 Kharoubi,2003)应用 Copula 对世界上六种股票指数两两之间的相关结构进行了实证检验,并将检验结果应用于 VaR 的计算;费尔那科(Fernandea,2008)研究了基于极值 Copula 投资组合的风险度量问题,并指出错误的选择 Copula 模型会导致风险度量存在较大的误差。

在整合风险管理领域,迪马科斯和克雷斯蒂(Dimakos 和 Aas Kjersti,2004)、罗森伯格和斯库尔曼(Rosenberg 和 Schuermann,2006)、克雷斯蒂等(Aas Kjersti 等,2007)、张金清和李徐(2008)、侯成琪和王频(2008)、李建平等(2010)等采用 Copula-VaR 方法度量整合风险:首先研究不同类型资产收益率的边际分布,然后应用 Copula 描述不同类型资产收益率之间的相关结构,得到资产收益率的联合分布,最后通过蒙特卡罗模拟计算资产组合的整合风险度量 VaR。然而,当边际分布和联合分布非正态时,不满足次可加性和凸性的 VaR 并不适合度量整合风险。

(三) 整合风险管理

德雷曼等(Drehmann 等,2010)发现在整合风险管理中,组合投资不仅存在分散效应(diversification effect)——资产组合的风险小于组合内单个资产风险的加权和,而且可能存在与分散效应相反的集聚效应(Compounding Effect)——资产组合的风险大于组合内单个资产风险的加权和。亚历山德里亚和德雷曼(Alessandri 和 Drehmann,2010)建立了一个整合信用风险和利率风险的经济资本模型,发现银行业普遍采用的忽略信用风险和利率风险之间的相关性从而将两类风险直接相加的方法会高估风险。而布鲁尔等(Breuer 等,2012)发现,假设市场风险和信用风险相互独立从而直接相加的方法既有可能低估风险也有可能高估风险,但是对于外币贷款,这种方法会低估风险。

二、系统性风险管理的研究方法

在本次次贷危机向金融危机转化的过程中,由于对系统性风险关注不足,CDO(担保债务凭证)和 CDS(信用违约互换)等资产证券化产品不仅成为风险传染的媒介,同时也极大地放大了次级贷款的风险,最终导致整个金融系统性风险的爆发。针对这一情况,第三版巴塞尔协议提出了宏观审慎的监管框架。与微观审慎监管关注个体金融机构的安全相对应,宏观审慎管理关注整个金融系统的稳定,其核心就是将系统性风险纳入审慎监管的范畴。比罗等(Billio 等,2010)将系统性风险定义为"任何会威胁金融系统稳定和公众对金融系统信心的情形";欧洲央行(ECB,2010)将"金融系统的不稳定削弱金融系统的功能并损害经济增长"定义为系统性风险。其他的定义则着重于描述风险传播的机制,比如卡帕迪亚等(Kapadia 等,2009)提出的反馈行为,国际货币基金组织、国际清算银行和金融稳定委员会(IMF,BIS 和 FSB,2009)提出的负外部性,阿查里雅等(Acharya 等,2010)提出的相关的风险暴露以及穆萨(Moussa,2011)提出的风险传染等。对系统性风险的宏观审慎监管涉及两个维度,一是横截面维度,即在一个时点上系统风险在各个金融机构之间的分布和相互作用;二是时间维度,即金融系统内的系统风险随着时间推移发生的积累及顺周期问题。

虽然第三版巴塞尔协议将系统性风险纳入了审慎监管的范畴,美国和欧盟等也建立了专门机构来监管系统性风险,但是目前对于如何度量系统性风险,仍然缺乏统一的认识。比西亚斯等(Bisias 等,2012)就列举了多达 31 种不同的系统性风险度量方法,并从所需数据、监控范围、事件/决策的时间范围和研究方法等多个角度对这些方法进行了系统的分类。在这些系统性风险度量方法中,有两类研究方法更受学术界关注,一类是基于网络模型(Network Model)的系统风险度量,一类是基于 Co-Risk 模型的系统性风险度量(这里的 Co 表示 Conditional 或者 Comovement)。

网络模型用节点(Node)表示金融机构,用边(Edge)表示两个金融机构之间的联系(一般采用银行间市场的双边敞口数据表示银行之间的直接联系),最早被艾伦和盖伦(Allen 和 Gale,2000)用于研究金融风险通过银行间市场的传染。艾森伯格和诺亚(Eisenberg 和 Noe,2001)利用银行间市场的机构数据建立了一个银行系统网络模型,并提出了一个银行间市场出清算法来计算系统风险。国际货币基金组织、国际清算银行和金融稳定委员会(IMF、BIS 和 FSB,2009)通过网络模型研究了某个银行经营失败的网络外部性。埃尔辛格和雷哈尔(Elsinger 和 Lehar,2006)和艾克曼等(Aikman 等,2009)用网络模型来描述澳大利亚和英国的银行系统,计算了系统性风险和每个银行的系统重要性。虽然网络模型可以描述金融机构之间通过相互交易而产生的直接联系,但是金融机构的实际双边敞口数据被认为具有机密性并难以获取,而模拟数据可能会导致分析结果存在偏差。此外,网络模型难以描述由于金融机构持有类似的资产组合或者受相同的风险因素影响而产生的间接联系。

基于 Co-Risk 模型的系统性风险度量根据各金融机构的股票收益率数据建立金融系统中所有金融机构风险的联合分布,再采用 VaR 或者 ES 等风险度量方法计算金融系统性风险。亚当斯等(Adams 等,2010)将金融市场的状态划分为稳定、常态和波动三种,采用状态依赖敏感性 VaR(State-Dependent Sensitivity VaR)来描述金融机构之间的风险外溢。阿查里雅等(Acharya 等,2010)建立了一个系统性风险模型,发现每个金融机构对系统性风险的贡献可以用系统期望损失(Systemic Expected Shortfall, SES)表示。艾德里安和布伦纳迈尔(Adrian 和 Brunnermeier,2011)提出用基于 VaR 的 CoVaR(Conditional VaR,为与 CVaR 相区别,文中简写为 CoVaR。)来度量系统性风险,分析了某一银行面临危机对其他银行和系统性风险的影响。然而,Co-Risk 模型假设金融机构的股票收益率数据能够充分反映金融机构之间直接或者间接的联系,这显然建立在有效市场假设的基础上,而且只适用于描述公开上市的金融机构。此外,此类研究依然采用明显与现实不符的多元正态分布来描述金融机构风险的联合分布。

此外,高蒂尔等(Gauthier 等,2009)采用网络模型和莫顿(Merton)模型两种方法计算系统风险,采用成分 VaR(Component VaR)、增量

VaR（Incremental VaR）、Shapley 值（Shapley Values）和 CoVaR 四种方法描述个体金融机构对系统风险的贡献并分配资本金要求（即宏观审慎资本监管），发现根据系统性风险进行资本监管能够降低个体金融机构和金融系统的违约概率。

系统性风险管理的另一个重要问题是评估金融机构的系统重要性并加强对系统重要性金融机构的监管，以降低负外部性和道德风险问题。规模通常被作为评估系统重要性的首要标准，即所谓的"大而不能倒"（too big to fail），但是此次金融危机的实际情况和现有的研究（比如高蒂尔等［Gauthier 等，2009］和陈舟［Chen，2010］）都表明，规模并非评估系统重要性的首要因素。一个金融机构的系统重要性通常用该机构经营失败（破产或违约）对其他金融机构的影响程度来衡量。上面提及的采用 Co-Risk 模型和网络模型度量系统风险的研究都或多或少地涉及了系统重要性金融机构的评估问题。此外，陈舟（Chen，2010）在多元极端值分布的理论框架（Multivariate Extreme Value Theory）下，采用 PAO（Probability That At Least One Bank Becomes Distressed）、SII（Systemic Impact Index）和 VI（Vulnerability Index）来评估金融机构的系统重要性。

三、存在的问题

整合风险管理需要解决两大问题：一是在不同类型风险服从不同类型分布的条件下如何构建多种风险的联合概率分布模型，二是在 VaR 不满足次可加性和凸性从而不适用于整合风险度量的条件下如何度量风险。虽然 Copula 函数已被用于整合风险管理中的联合分布建模，但是该领域的研究依然采用非一致的风险度量 VaR。此外，在涉及多种类型风险的组合投资中既可能存在分散效应也可能存在集聚效应，因此如何进行资产配置以实现风险分散效应也是该领域的一个热点和难点。

系统性风险管理是一个全新的研究领域,许多问题有待深入研究。首先,关于如何度量系统性风险,目前还存在很多争议:基于网络模型的系统性风险度量难以描述由于金融机构持有类似的资产组合或者受相同的风险因素影响而产生的间接联系,而此类因素正是本次金融危机的起因;基于 Co-Risk 模型的系统性风险度量依然采用明显与现实不符的多元正态分布来描述金融机构风险的联合分布。此外,关于如何界定系统重要性金融机构并根据系统重要性设定资本监管要求以及如何进行系统性风险预警等方面的研究还很少。

第三节　研究意义

一、研究意义

因为不同风险业务和不同金融机构的收益率可能服从不同类型的边际分布,所以本书将采用 Copula 方法建立用于度量整合风险和系统风险的联合概率分布模型;因为在非正态分布条件下 VaR 不满足次可加性和凸性,所以本书将采用一致性风险度量 ES 来度量整合风险和系统性风险。在此基础上,在微观审慎监管方面,研究度量整合风险的蒙特卡罗模拟算法,研究业界常用的整合风险度量方法存在的问题,研究在存在不同类型风险的资产配置中如何实现风险分散效应;在宏观审慎监管方面,研究如何利用宏观经济变量和金融市场变量进行事前风险预警,研究如何利用金融机构的特征变量进行事后风险预警,研究如何评估金融机构的系统重要性以及如何根据系统重要性设定资本要求。

本书的研究将微观审慎监管中的整合风险管理和宏观审慎监管中的系统性风险管理统一在 Copula-ES 的分析框架下,实现了微观审慎和宏观审慎的有机结合,并且在这个统一框架下研究用于度量整合风险和系统风险的蒙特卡罗模拟算法,研究能够实现风险分散效应的整合风险资产配置策略,研究系统性风险预警方法以及宏观审慎资本监管标准。这些研究不仅能够推动风险管理理论的发展,具有较高的理论价值,而且对金融机构和监管机构的风险管理和金融监管具有很强的借鉴作用,具有较高的应用价值。

二、研究目标

首先,提出度量整合风险和系统性风险的 Copula-ES 分析框架,研究基于 Copula 的蒙特卡罗模拟算法。

其次,研究业界常用的整合风险度量方法存在的问题;研究存在不同类型风险时如何实现组合投资的风险分散效应。

最后,研究系统风险的预警方法和系统性风险的度量;研究评估金融机构系统重要性的方法。

三、研究内容

本书内容一共分为八章,主要分为两部分:整合风险管理篇和系统风险管理篇。

(一)整合风险管理篇

本部分内容主要从微观层面出发,考察单个银行的整合风险管理问题,本部分内容为第一章至第四章,其中:第一章主要对整合风险管理中需要用到的技术工具——Copula 的估计方法、检验方法、模拟算法进行了全面而深入的介绍,以使读者对该方法有系统的了解;第二章主要对商业银行面临的各类风险进行识别,并筛选出重要的三种风险——信用风险、市场风险、流动性风险,对此三类风险的度量方法进行阐述,并结合实际数据对三类风险进行了一一度量;第三章主要对商业银行的整合风险管理进行研究,分别给出了整合风险管理的思想理念、模型方法,并利用 Copula 技术结合实际数据度量了商业银行的整合风险及风险分散效应;第四章以信用风险管理为例,利用最优化方法及 Copula 技术给出了商业银行的最优信贷管理模型及信贷配置策略,该章可视为风险管理策略的应用。

(二) 系统性风险管理篇

本部分内容主要从宏观层面出发,考察整个银行系统的系统性风险管理问题,本部分内容为第五章至第八章,其中:第五章主要对系统性风险的预警方法进行研究,从宏观经济和金融系统两个方面筛选能够描述宏观经济和金融系统状态的变量,采用层次分析和回归方法研究哪些状态变量对未来的系统性风险有显著的预测作用,构建了系统风险信号预警模型,并采用实际数据研究当这些状态变量处于什么取值范围时未来更可能爆发系统风险;第六章主要对系统性风险的定义、来源、成因、主要特征及传染性进行分析;第七章主要对系统性风险的传染过程及单个银行的边际风险贡献进行了度量,对于系统性风险,通过矩阵法对金融机构的负外部性和传染性进行度量,同时利用单个金融机构在危机发生情景下银行违约导致的期望损失衡量单个金融机构对系统性风险的边际贡献,考察边际贡献和杠杆率、市场较差情形下的期望损失间的对应关系;第八章主要评估各银行的系统重要性,给出了界定系统重要性金融机构的方法,并结合考察结果对"大而不能倒"等问题进行探讨。

四、研究方案

本书将微观审慎监管中的整合风险管理和宏观审慎监管中的系统性风险管理统一在 Copula-ES 的分析框架下,实现了微观审慎和宏观审慎的有机结合:考虑到不同风险业务和不同金融机构的收益率可能服从不同类型的边际分布,采用 Copula 方法建立用于度量整合风险的联合概率分布模型;考虑到在非正态分布条件下 VaR 不满足次可加性和凸性,采用一致性风险度量 ES 来度量整合风险和系统性风险。

本书的研究分为四个步骤:步骤 1 和步骤 2 研究整合风险管理,步骤 3 和步骤 4 研究系统性风险管理。在整合风险管理研究阶段,步骤 1 研究计算整合风险度量 ES 的基于 Copula 的蒙特卡罗模拟算法,步骤 2 研究业界常用的整合风险度量方法存在的问题以及度量风险分散效应的指标。在系统性风险管理研究阶段,基于整合风险的研究结果,步骤 3 和步骤 4 均以整合风险管理的结果为基础,研究系统性风险的预警方法、系统性风险度量方法和评价系统重要性的方法。

(一) 步骤 1　基于 Copula 的整合风险度量

计算整合风险度量 ES 涉及两个关键问题:一是利用 Copula 方法建立用于整合风险度量的联合概率分布模型;二是提出基于 Copula 的蒙特卡罗模拟算法。

1. 利用 Copula 方法建立用于整合风险度量的联合概率分布模型

本阶段将在估计不同类型资产收益率的边际分布的条件下,重点研究如何选择能够有效描述不同类型资产收益率之间相关结构的 Copula。本书选择阿基米德连接函数族(Archimedean Copulas)、椭圆连接函数族(Elliptical Copulas)以及胡(Hu,2006)提出的混合连接函数(Mixed Copula)为描述资产收益率之间相关结构的理论 Copula;以蒂埃里和卡鲁比(Thierry 和 Kharoubi,2003)采用的经验连接函数(Empirical Copula)表示经验相关结构。因为 Copula 的选择对风险度量影响很大,所以本书将综合运用胡凌(Hu,2006)和杰内斯特等(Genest 等,2009)提出的 χ^2 检验和 blanket 检验(blanket test)等方法检验理论 Copula 和经验 Copula 之间的拟合优度,选择能够有效描述不同类型资产收益率之间相关结构的 Copula。因为风险管理主要关注收益率分布的尾部,所以在选择 Copula 时本书将对 χ^2 检验和 blanket 检验进行改进以重点考察尾部相关结构的拟合优度。

2. 提出基于 Copula 的蒙特卡罗模拟算法计算整合风险度量 ES

因为根据 Copula 构造的多元分布模型往往很难得到显性的表达式,所以采用传统的统计方法无法生成所需的多维随机数序列。本书将提出基于 Copula 的蒙特卡罗模拟算法计算整合风险度量 ES,并采用库斯特(Kupiec,1995)提出的无条件置信区间检验和克里斯托弗森(Christoffersen,1998)提出的条件置信区间检验这两种方法来检验 ES 能否有效的覆盖风险。

(二) 步骤 2　整合风险管理中的两个重要问题

本阶段采用步骤 1 中提出的整合风险度量方法研究整合风险管理中的两个重要问题:一是研究业界常用的整合风险度量方法存在的问题;二是研究整合风险的度量方法,以及分散化风险的资产配置策略。

1. 业界常用的整合风险度量方法存在的问题

采用无条件置信区间检验和条件置信区间检验这两种方法比较 Copula-ES 与业界常用的混合 VaR、正态 VaR 和可加 VaR 等三种整合风险度量方法在风险覆盖能力方面的差异,研究业界常用的近似方法会低估还是会高估风险。与本书提出的整合风险度量方法 Copula-ES 相比,业界常用的这三种整合风险度量方法存在三方面的问题:采用了不恰当的边际分布、采用了不恰当的相关结构和采用 VaR 度量风险。

2. 度量整合风险并进行风险分散化效应

结合我国银行资产负债表和国内外经济金融数据,分析整合风险的度量方法以及风险的分散化效应;利用 Copula 方法研究信用风险的分散效应,建立均值-CVaR 优化模型;实现信用风险的资产配置策略。

(三) 步骤 3　系统风险的预警与系统性风险的度量

风险预警涉及对系统性风险进行审慎监管的时间维度,即随着时间推移系统风险如何发展变化以及如何实现逆周期监管。本书将分别研究预警方法和度量方法。

1. 系统风险的预警方法

因为金融系统固有的顺周期问题,在金融危机爆发之前即系统风险水平较低时,系统风险已经开始积聚。本书将从宏观经济和金融系统两个方面筛选能够描述宏观经济和金融系统状态的变量,采用层次分析和回归方法研究哪些状态变量对未来的系统风险有显著的预测作用,研究当这些状态变量处于什么取值范围时未来更可能爆发系统风险。

2. 系统性风险的度量

对于系统性风险的度量,通过矩阵法对金融机构的负外部性和传染性进行度量,同时将单个金融机构在危机发生情景下银行违约导致的期望损失作为单个金融机构对系统性风险的边际贡献来分析整个金融系统的系统性风险,同时分析了边际贡献和杠杆率、市场较差情形下的期望损失的对应关系。

(四) 步骤4　评估系统重要性和宏观审慎资本监管

本阶段根据各金融机构对系统性风险的边际贡献界定系统重要性。金融机构并根据系统重要性的大小而非微观审慎资本监管中规模的大小来设定各金融机构的资本要求。

1. 系统重要性金融机构的界定

总结目前关于系统重要性金融机构的现状,并给出目前关于系统重要性金融机构的界定指标。

2. 评估各金融机构的系统重要性

首先计算金融机构对系统风险的边际贡献,利用网络分析方法定义破产金融机构的数量和系统性损失,并分别根据边际贡献的大小和破产机构的数量、系统损失的大小来界定系统重要性金融机构,最后对"大而不能倒"问题进行探讨。

整合风险管理篇

第一章　整合风险管理技术：Copula 理论与方法

　　1959 年,斯克拉(Sklar)提出的 Copula 理论可以将一个联合分布函数分为若干个边际分布和一个连接函数,并且称这种将联合分布函数和它们的边际分布函数连接在一起的一类函数为"连接函数";由于 Copula 函数描述了变量间的相关性,因此 Copula 函数也称为"相依函数"。Copula 函数不仅可以很好地描述变量之间不对称、非线性的相关性,还可以捕捉到极端损失事件的尾部相关性,因此 Copula 函数在金融风险管理中有着重要的应用。

　　本章首先介绍了多元 Copula 函数的定义与性质,并在此基础上介绍了基于 Copula 函数的相关性测度,讨论了几种常用 Copula 函数的性质,然后介绍了几种常用的 Copula 函数的参数估计方法和检验方法,最后给出了常用 Copula 函数的模拟算法。

第一节　Copula 函数的定义及常用 Copula 函数

一、多元 Copula 函数的定义与性质[①]

(一) Copula 函数的定义

　　定义 1.1　　N 元 Copula 函数是指具有以下性质的函数

---

① 韦艳华、张世英:《Copula 理论及其在金融分析上的应用》,清华大学出版社 2008 年版,第 6 页。

$C(\cdot,\cdots,\cdot)$：

1. $C(\cdot,\cdots,\cdot)$ 的定义域为：I^N，即 $[0,1]^N$；

1. $C(\cdot,\cdots,\cdot)$ 有零基面且是 N 维递增的；

3. $C(\cdot,\cdots,\cdot)$ 的边际分布 $C_n(\cdot)$，$n=1,2,\cdots,N$ 满足

$$C_n(u_n)=C(1,\cdots,1,u_n,1,\cdots,1)=u_n$$

其中，$u_n\in[0,1]$，$n=1,2,\cdots,N$。

显然，若 $F_1(x)$，$F_2(x)$，$\cdots F_N(x)$ 是连续的一元分布函数，令 $u_n=F_n(x)$，$n=1,2,\cdots,N$，则 $C(u_1,u_2,\cdots,u_n)$ 是一个边际分布服从 $[0,1]$ 均匀分布的多元分布函数。Copula 函数的存在性和唯一性可以由 Sklar 定理来保证。

（二）多元分布的 Sklar 定理

定理 1.1　设 $F(\cdot,\cdot,\cdots,\cdot)$ 为具有边际分布 $F_1(\cdot)$，$F_2(\cdot)$，$\cdots$，$F_N(\cdot)$ 的联合分布函数，那么，存在一个 Copula 函数 $C(\cdot,\cdot,\cdots,\cdot)$，满足：

$$F(x_1,x_2,\cdots,x_N)=C(F_1(x_1),F_2(x_2),\cdots,F_N(x_N))\qquad(1.1)$$

若 $F_1(\cdot)$，$F_2(\cdot)$，$\cdots$，$F_N(\cdot)$ 连续，则 Copula 函数 $C(\cdot,\cdot,\cdots,\cdot)$ 唯一确定；反之，若 $F_1(\cdot)$，$F_2(\cdot)$，$\cdots$，$F_N(\cdot)$ 为一元分布函数，$C(\cdot,\cdot,\cdots,\cdot)$ 为相应的 Copula 函数，那么由（1.1）定义的函数 $F(\cdot,\cdot,\cdots,\cdot)$ 是边际分布为 $F_1(\cdot)$，$F_2(\cdot)$，$\cdots$，$F_N(\cdot)$ 的联合分布函数。

推论 1.1　设 $F(\cdot,\cdot,\cdots,\cdot)$ 为具有边际分布 $F_1(\cdot)$，$F_2(\cdot)$，$\cdots$，$F_N(\cdot)$ 的联合分布函数，$C(\cdot,\cdot,\cdots,\cdot)$ 为相应的 Copula 函数，$F_1^{-1}(\cdot)$，$F_2^{-1}(\cdot)$，$\cdots$，$F_N^{-1}(\cdot)$ 分别为 $F_1(\cdot)$，$F_2(\cdot)$，$\cdots$，$F_N(\cdot)$ 的伪逆函数，则对于函数 $C(\cdot,\cdot,\cdots,\cdot)$ 定义域内任意 $(u_1,u_2,\cdots,u_N)$，均有：

$$C(u_1,u_2,\cdots,u_N)=F(F_1^{-1}(u_1),F_2^{-1}(u_2),\cdots,F_N^{-1}(u_N))\qquad(1.2)$$

通过 Copula 函数 $C(\cdot,\cdot,\cdots,\cdot)$ 的密度函数 $c(\cdot,\cdot,\cdots,\cdot)$ 和边际分布 $F_1(\cdot)$，$F_2(\cdot)$，$\cdots$，$F_N(\cdot)$，可以方便地求出 N 元分布函数 $F(x_1,x_2,\cdots,x_N)$ 的密度函数：

$$f(x_1, x_2, \cdots, x_N) = c(F_1(x_1), F_2(x_2), \cdots, F_N(x_N)) \prod_{n=1}^{N} f_n(x_n) \quad (1.3)$$

其中，$c(u_1, u_2, \cdots, u_N) = \dfrac{\partial C(u_1, u_2, \cdots, u_N)}{\partial u_1 \partial u_2 \cdots \partial u_N}$；$f_n(\cdot)$ 是边际分布 $F_n(\cdot)$ 的密度函数，$n = 1, 2, \cdots, N$。

根据推论通过分布函数的伪逆函数和联合分布函数可以推导出 Copula 函数，反之，通过 Copula 函数也可以将边际分布和变量间的相关结构分开研究，以此减小多变量模型的分析难度，使得分析过程简洁清晰。

（三）多元 Copula 函数的性质

定义 1.2 若任意 $(u_1, u_2, \cdots, u_N) \in I^N$，$C_1(u_1, u_2, \cdots, u_N) \leqslant C_2(u_1, u_2, \cdots, u_N)$，

则称 Copula 函数 $C_1(\cdot, \cdot, \cdots, \cdot)$ 小于 Copula 函数 $C_2(\cdot, \cdot, \cdots, \cdot)$，记作 $C_1 < C_2$。

根据多元 Copula 函数的定义，可以得到 Copula 函数的一些基本性质：

1.对任意的变量 $u_n \in [0,1]$，$n = 1, 2, \cdots, N$，$C(u_1, u_2, \cdots, u_N)$ 都是非减的；

2.$C(u_1, u_2, \cdots, 0, \cdots, u_N) = 0$，$C(1, 1, \cdots, u_n, 1, \cdots, 1) = u_n$；

3.对任意的变量 $u_n, v_n \in [0,1]$，$n = 1, 2, \cdots, N$，均有：

$$|C(u_1, u_2, \cdots, u_N) - C(v_1, v_2, \cdots, v_N)| \leqslant \sum_{n=1}^{N} |u_n - v_n|;$$

4.$C^- < C < C^+$，其中 $C^-(u_1, u_2, \cdots, u_N) = \max\left(\sum_{n=1}^{N} u_n - N + 1, 0\right)$，$C^+(u_1, u_2, \cdots, u_N) = \min(u_1, u_2, \cdots, u_N)$；

5.若变量 $u_n \in [0,1]$，$n = 1, 2, \cdots, N$ 相互独立，且用 $C^\perp$ 表示独立变量的 Copula 函数，则：

$$C^\perp = C(u_1, u_2, \cdots, u_N) = \prod_{n=1}^{N} u_n \quad (1.4)$$

二、基于 Copula 函数的相关性测度[①]

Copula 函数具有当对变量进行严格单调递增变换时，Copula 函数的相关性测度的值不会改变的性质，该性质由以下定理给出。

定理 1.2　对随机变量 $x_1, x_2, \cdots, x_N$ 做严格的单调递增变换，相应的 Copula 函数不变，若 $\dfrac{\partial h_n(x_n)}{\partial x_n} > 0, n = 1, 2, \cdots, N$，则：

$$C_{x_1, x_2, \cdots, x_N} = C_{h(x_1), h(x_2), \cdots, h(x_N)}$$

其中，$h_n(x_n)$ 为随机变量 x_n 的函数，$C_{x_1, x_2, \cdots, x_N}$ 表示连接 $x_1, x_2, \cdots, x_N$ 的 Copula 函数，$C_{h(x_1), h(x_2), \cdots, h(x_N)}$ 表示连接 $h(x_1), h(x_2), \cdots, h(x_N)$ 的 Copula 函数。

由定理 1.2 可知，基于 Copula 函数的相关性测度反映的是严格单调递增变化下的相关性，比线性相关性的适用范围更广泛。

基于 Copula 函数的相关性测度主要有 Kendall 秩相关系数、Spearman 秩相关系数以及 Gini 关联系数，基于 Copula 函数的尾部相关性测度主要有相关性的分位数相关测度和上尾相关系数与下尾相关系数。下面主要介绍 Kendall 秩相关系数、Spearman 秩相关系数以及尾部相关性测度。

（一）Kendall 秩相关系数 τ

在金融风险管理中，考虑两种资产价格的相关性时，通常会考虑它们的变化趋势是否一致，这种基于一致性的相关性测度就是 kendall 秩相关系数 τ。下面给出 τ 的定义

定义 1.3　令 (x_1, y_1) 和 (x_2, y_2) 为独立同分布的随机变量，$x_1, x_2 \in X, y_1, y_2 \in Y$，称：

---

① 韦艳华、张世英：《Copula 理论及其在金融分析上的应用》，清华大学出版社 2008 年版，第 9 页。

$$\tau = P[(x_1 - x_2)(y_1 - y_2) > 0] - P[(x_1 - x_2)(y_1 - y_2) < 0]$$

$$(1.5)$$

为随机变量 X 和 Y 的 Kendall 秩相关系数 τ。

由 Kendall 秩相关系数 τ 的定义可以看出,τ 反映了两个随机变量的两组观测值一致的概率和不一致的概率之差,而且由于:

$$\tau = 2P[(x_1 - x_2)(y_1 - y_2) > 0] - 1,$$

且对于严格单调递增的函数 $s(\cdot)$ 和 $h(\cdot)$,有:

$$[s(x_1) - s(x_2)][h(y_1) - h(y_2)] > 0 \Leftrightarrow (x_1 - x_2)(y_1 - y_2) > 0,$$

因此 τ 对于严格单调递增变换时保持不变,这就充分说明了 τ 作为相关性测度所具有的优点。

若随机变量 X 和 Y 的边际分布函数分别为 $F(x),G(y)$,相应的 Copula 函数为 $C(u,v)$。其中,$u = F(x),v = G(y),u,v \in [0,1]$,则 Kendall 秩相关系数 τ 可由相应的 Copula 函数 $C(u,v)$ 给出,即:

$$\tau = 4 \int_0^1 \int_0^1 C(u,v) \, \mathrm{d}C(u,v) - 1 \qquad (1.6)$$

（二）Spearman 秩相关系数 ρ

定义 1.4　令 $(x_1,y_1),(x_2,y_2),(x_3,y_3)$ 为独立同分布的随机向量,$x_1,x_2,x_3 \in X$,$y_1,y_2,y_3 \in Y$,称:

$$\rho = 3\{P[(x_1 - x_2)(y_1 - y_3) > 0] - P[(x_1 - x_2)(y_1 - y_3) < 0]\}$$

$$(1.7)$$

为随机变量 X 和 Y 的 Spearman 秩相关系数 ρ。

若随机变量 X 和 Y 的边际分布函数分别为 $F(x),G(y)$,相应的 Copula 函数为 $C(u,v)$。其中,$u = F(x),v = G(y),u,v \in [0,1]$,则 Spearman 秩相关系数 ρ 可由相应的 Copula 函数 $C(u,v)$ 给出,即:

$$\rho = 12 \int_0^1 \int_0^1 uv \mathrm{d}C(u,v) - 3 = 12 \int_0^1 \int_0^1 C(u,v) \mathrm{d}uv - 3 \qquad (1.8)$$

（三）尾部相关系数

在金融风险管理中,金融市场之间或金融市场中的各类资产之间的尾部相关性尤为重要,对于随机变量尾部相关性的讨论可以利用条件概率的极限进行研究。

定义 1.5 假设随机变量 X 和 Y 的边际分布函数分别为 $F(x)$,$G(y)$,相应的 Copula 函数为 $C(u,v)$。其中,$u = F(x)$,$v = G(y)$,$u,v \in [0,1]$,设 $u^* \in [0,1]$,称:

$$\lambda(u^*) = P[U > u^* \mid V > u^*] = \frac{1 - 2u^* + C(u^*,u^*)}{1 - u^*} \quad (1.9)$$

为随机变量 X 和 Y 的分位数相关测度。称:

$$\lambda^u = \lim_{u^* \to 1} P[Y > G^{-1}(u^*) \mid X > F^{-1}(u^*)] = \lim_{u^* \to 1} \frac{1 - 2u^* + C(u^*,u^*)}{1 - u^*}$$
$$(1.10)$$

为随机变量 X 和 Y 的上尾相关系数。称:

$$\lambda^l = \lim_{u^* \to 0} P[Y < G^{-1}(u^*) \mid X < F^{-1}(u^*)] = \lim_{u^* \to 0} \frac{C(u^*,u^*)}{u^*}$$
$$(1.11)$$

为随机变量 X 和 Y 的下尾相关系数。

显然当 λ^u(或 λ^l)在区间 $(0,1]$ 内时,称随机变量 X 和 Y 的上尾(或下尾)相关;当 λ^u(或 λ^l)等于零时,称随机变量 X 和 Y 的上尾(或下尾)独立。

三、常用的 Copula 函数[①]

Copula 函数主要有椭圆族 Copula 函数和阿基米德族 Copula 函数族,其中椭圆族 Copula 函数中最常用到的是正态 Copula 函数和 t-Copula 函数,而阿基米德族 Copula 函数主要包含了 Gumbel Copula 函数、Clayton Copula 函数和 Frank Copula 函数。

---

① 韦艳华、张世英:《Copula 理论及其在金融分析上的应用》,清华大学出版社 2008 年版,第 16 页。

（一）正态（Gaussian）Copula 函数

N 元正态（Gaussian）Copula 分布函数为：

$$C(u_1, u_2, \cdots, u_N; \rho) = \Phi_\rho(\Phi^{-1}(u_1), \Phi^{-1}(u_2), \cdots, \Phi^{-1}(u_N))$$

$$(1.12)$$

密度函数为：

$$c(u_1, u_2, \cdots u_N) = |\rho|^{-\frac{1}{2}} \exp\left(-\frac{1}{2}\zeta'(\rho^{-1} - I)\zeta\right) \quad (1.13)$$

其中，ρ 是对角线元素为 1 的对称正定矩阵，$|\rho|$ 表示矩阵 ρ 相应的行列式的值，$\Phi_\rho(\cdot, \cdot, \cdots, \cdot)$ 为相关系数矩阵为 ρ 的标准 N 元正态分布函数，$\Phi^{-1}(\cdot)$ 是一元正态分布函数 $\Phi(\cdot)$ 的逆函数，$\zeta = (\zeta_1, \zeta_2, \cdots \zeta_N)'$，$\zeta_n = \Phi^{-1}(u_n)$，$n = 1, 2, \cdots, N$，$I$ 为单位矩阵。

一般来说，N 元正态 Copula 函数可以比较好地描述金融变量相关结构，常用于描述多维金融资产间的相关关系，但是由于多维正态 Copula 函数具有对称性，因此无法捕捉到市场之间尾部的非对称相关性。

（二）N 元 t-Copula 函数

N 元 t-Copula 函数分布函数为：

$$C(u_1, u_2, \cdots, u_N; \rho, v) = T_{\rho,v}(T_v^{-1}(u_1), T_v^{-1}(u_2), \cdots, T_v^{-1}(u_N))$$

$$= \int_{-\infty}^{T_v^{-1}(u_1)} \int_{-\infty}^{T_v^{-1}(u_2)} \cdots \int_{-\infty}^{T_v^{-1}(u_N)} \frac{\Gamma\left(\dfrac{\nu + N}{2}\right) |\rho|^{-\frac{1}{2}}}{\Gamma\left(\dfrac{\nu}{2}\right) (\nu\pi)^{\frac{N}{2}}}$$

$$\left(1 + \frac{1}{\nu}x'\rho^{-1}x\right)^{-\frac{\nu+N}{2}} \mathrm{d}x_1 \mathrm{d}x_2 \cdots \mathrm{d}x_N \quad (1.14)$$

密度函数为：

$$c(u_1, u_2, \cdots, u_N; \rho, v) = |\rho|^{-\frac{1}{2}} \frac{\Gamma\left(\dfrac{\nu + N}{2}\right)\left[\Gamma\left(\dfrac{\nu}{2}\right)\right]^{N-1}}{\left[\Gamma\left(\dfrac{\nu + N}{2}\right)\right]^N} \frac{\left(1 + \dfrac{1}{\nu}\zeta'\rho^{-1}\zeta\right)^{-\frac{\nu+N}{2}}}{\prod\limits_{n=1}^{N}\left(1 + \dfrac{\zeta_n^2}{\nu}\right)^{-\frac{\nu+1}{2}}}$$

$$(1.15)$$

其中，$T_v^{-1}(\cdot)$ 为自由度为 ν 的一元 t 分布 $T_v(\cdot)$ 的逆函数，ρ 是对角线元素为 1 的对称正定矩阵，$T_{\rho,\nu}(\cdot,\cdot,\cdots,\cdot)$ 为相关系数矩阵为 ρ，自由度为 ν 的标准 N 元 t 分布函数，$x = (x_1,x_2,\cdots,x_N)'$，$\zeta = (\zeta_1,\zeta_2,\cdots,\zeta_N)'$，$\zeta_n = T_\nu^{-1}(u_n)$，$n = 1,2,\cdots,N$。

同 N 元正态 Copula 函数类似，N 元 t-Copula 函数也是尾部对称的，只能捕捉到金融市场间的对称性，但与 N 元正态 Copula 函数相比，N 元 t-Copula 函数具有更厚的尾部特征，所以能够更敏感地刻画变量间的尾部变化，进而能够更好地捕捉金融市场间的尾部变化情况。

对于二元椭圆族的 Copula 函数而言，其 Kendall 秩相关系数 τ 可以通过下式给出：

$$\tau = \frac{2}{\pi}\sin\rho \qquad (1.16)$$

其中，ρ 为相关系数。

（三）阿基米德 Copula 函数

杰内斯特和麦凯（Genest 和 Mackay，1986）给出了阿基米德族 Copula 分布函数的定义。

定义 1.6 如果函数 $g(t)$ 在区间 (a,b) 上满足：

$$(-1)^k \frac{d^k}{dt^k}g(t) \geqslant 0, t \in (a,b), k = 0,1,2,\cdots \qquad (1.17)$$

则称 $g(t)$ 是区间 (a,b) 上的完全单调函数。

定义 1.7 Copula 函数 $C(u_1,u_2,\cdots,u_N)$，$u_n \in [0,1]$，$n = 1,2,\cdots,N$ 具有如下形式：

$$C(u_1,u_2,\cdots,u_N) = \varphi^{-1}(\varphi(u_1) + \varphi(u_2) + \cdots + \varphi(u_N)) \qquad (1.18)$$

且 $C(u_1,u_2,\cdots,u_N)$ 的生成元 $\varphi(\cdot)$ 满足以下条件：

1. $\varphi:[0,1] \to [0,\infty]$ 是连续严格减函数；

2. $\varphi(0) = \infty$，$\varphi(1) = 0$；

3. $\varphi^{-1}:[0,\infty] \to [0,1]$ 是完全单调函数。

则称 $C(u_1,u_2,\cdots,u_N)$ 为 N 元阿基米德 Copula 函数。

由于阿基米德 Copula 函数由其生成元唯一确定,所以对于下面的几种常见的阿基米德 Copula 函数,我们通过其生成元构造单参数的多元 Copula 函数的分布函数。

1. Gumbel Copula 函数

Gumbel Copula 函数的生成元为:

$$\varphi(t;\theta) = (-\ln t)^{\theta} \tag{1.19}$$

由公式(1.18)可得 N 元 Gumbel Copula 的分布函数为:

$$C(u_1,u_2,\cdots,u_N;\theta) = \exp\left\{-\left[\sum_{n=1}^{N}(-\ln u_n)^{\theta}\right]^{\frac{1}{\theta}}\right\}, \tag{1.20}$$

其中,θ 为其分布函数的相关参数,$\theta \in [1,\infty)$,且当 $\theta = 1$ 时,u_1,$u_2,\cdots,u_N$ 相互独立,即 $C_G(u_1,u_2,\cdots,u_N;1) = u_1 u_2 \cdots u_N$;当 $\theta \to \infty$ 时,变量 $u_1,u_2,\cdots,u_N$ 趋向于完全相关。

对于二元 Gumbel Copula 函数,其 Kendall 秩相关系数 τ,上尾相关系数和下尾相关系数与参数 θ 的关系式分别为:

$$\tau = 1 - \frac{1}{\theta}, \lambda^{u} = 2 - 2^{\frac{1}{\theta}}, \lambda^{l} = 0 \tag{1.21}$$

Gumbel Copula 函数具有非对称性,其概率密度的分布呈"J"形状,也就是呈现出上尾高而下尾低的特点,因此,Gumbel Copula 函数对改变了分布的上尾部变化十分敏感,能够更快速地捕捉到变量间的上尾相关性。所以如果两个变量间的相关结构可以用该函数来刻画,说明变量在分布的上尾部具有更强的相关性。但是 Gumbel Copula 函数对于变量的下尾部的变化却不够敏感,因为变量分布在下尾部的时候渐进独立,不容易捕捉到分布的下尾相关变化。在金融市场中,Gumbel Copula 函数可以更好地刻画牛市的股票市场之间的相关性,当一个股票市场的股价发生普涨时,另一个股票市场股价普涨的可能性明显增大,两个股票市场之间的相关性也明显增强。

2. Clayton Copula 函数

Clayton Copula 函数的生成元为：

$$\varphi(t;\theta) = t^{-\theta} - 1 \qquad (1.22)$$

由公式(1.18)可得 N 元 Clayton Copula 分布函数为：

$$C(u_1, u_2, \cdots, u_N) = \Big(\sum_{n=1}^{N} u_n^{-\theta} - N + 1 \Big)^{-\frac{1}{\theta}} \qquad (1.23)$$

其中，$\theta \in (0, \infty)$ 为其相关参数，当 $\theta \to 0$ 时，变量 $u_1, u_2, \cdots, u_N$ 趋近于独立，也即 $\lim_{\theta \to 0} C_{cl}(u_1, u_2, \cdots, u_N, ;\theta) = u_1 u_2 \cdots u_N$；当 $\theta \to \infty$ 时，变量 $u_1, u_2, \cdots, u_N$ 趋近于完全相关，并且 $\lim_{\theta \to \infty} C(u_1, u_2, \cdots, u_N; \theta) = \min(u_1, u_2, \cdots, u_N) = C^+$。

对于二元 Clayton Copula 函数，其 Kendall 秩相关系数 τ，上尾相关系数和下尾相关系数与参数 θ 的关系式分别为：

$$\tau = \frac{\theta}{\theta + 2}, \lambda^u = 0, \lambda^l = 2^{-\frac{1}{\theta}} \qquad (1.24)$$

与 Gumbel Copula 函数类似，Clayton Copula 函数的密度函数同样具有非对称性，但 Clayton Copula 函数的密度分布是"L"型，也就是呈现上尾低而下尾高的分布特征，这点特征正好与 Gumbel Copula 函数相反。Clayton Copula 函数对金融市场变量分布的下尾部变化十分敏感，能够快速捕捉分布的下尾相关性变化。因此，变量之间的相关结构若是可以用 Clayton Copula 函数来刻画，则说明变量之间的下尾部具有更强的相关性。由于 Clayton Copula 函数的上尾部变量渐进独立，对分布的上尾部变化不敏感，所以不容易捕捉到变量的上尾相关性。

3. Frank Copula 函数

Frank Copula 函数的生成元为：

$$\varphi(t;\theta) = -\ln \frac{e^{-\theta t} - 1}{e^{-\theta} - 1} \qquad (1.25)$$

由公式(1.17)可得 N 元 Frank Copula 函数的分布函数为：

$$C(u_1,u_2,\cdots,u_N)=-\frac{1}{\theta}\ln\left(1+\frac{\prod_{n=1}^{N}(e^{-\theta u_n}-1)}{(e^{-\theta}-1)^{N-1}}\right) \quad (1.26)$$

其中，θ 为其相关参数，且 $\theta\neq0$。

对于二元 Frank Copula 函数，其 Kendall 秩相关系数 τ，上尾相关系数和下尾相关系数与参数 λ 的关系式分别为：

$$\tau=1+\frac{4}{\theta}[D(\theta)-1],\lambda^u=\lambda^l=0 \quad (1.27)$$

其中，$D(\theta)=\frac{1}{\theta}\int_0^{\theta}\frac{t}{e^t-1}dt$

Frank Copula 函数只适合描述具有对称相关结构的变量之间的关系，并且由于变量分布在尾部是渐进独立的，因此 Frank Copula 函数对上尾和下尾相关性的变化都不敏感，难以捕捉到尾部的相关变化。

第二节 Copula 函数的估计方法[①]

对 Copula 函数进行估计时，主要有参数估计法和非参数估计法，而参数估计法又分为完全参数估计法和半参数估计法，其中完全参数估计法则包括最大似然估计法和两阶段估计法。非参数估计法包括经验 Copula 函数估计法、非参数核密度估计法和相关测度估计法。

一、最大似然估计

假设随机变量 $X=(x_1,x_2,\cdots,x_N)$ 的联合分布概率密度函数为：

$$f(x_1,x_2,\cdots,x_N;\Theta)=c(F_1(x_1;\alpha_1),F_2(x_2;\alpha_2),\cdots,$$
$$F_N(x_N;\alpha_N);\theta)\prod_{i=1}^{N}f_i(x_i;\alpha_i) \quad (1.28)$$

---

① 韦艳华、张世英：《Copula 理论及其在金融分析上的应用》，清华大学出版社 2008 年版，第 32 页。

其中, f_i 是变量 X_i 的边际概率密度函数, F_i 是其边际分布函数, α_1, $\alpha_2, \cdots, \alpha_N$ 是边际分布的参数, θ 则是 Copula 的参数, $\Theta = (\alpha_1, \cdots, \alpha_N, \theta)$, c 是 Copula 函数的密度函数,

$$c(F_1(x_1), F_2(x_2), \cdots, F_N(x_N)) = \frac{\partial^n C(F_1(x_1), F_2(x_2), \cdots, F_N(x_N))}{\partial F_1(x_1) \partial F_2(x_2) \cdots \partial F_N(x_N)}$$

(1.29)

设 N 元随机变量 X 的 T 个观测值为 $X_t = \{x_{1t}, x_{2t}, \cdots, x_{Nt}\}$, $t = 1$, $2, \cdots, T$, 则由式子(1.28)可得似然函数为:

$$l(\Theta) = \sum_{t=1}^{T} \ln(c(F_1(x_{1t}; \alpha_1), F_2(x_{2t}; \alpha_2), \cdots, F_N(x_N; \alpha_N); \theta)) +$$
$$\sum_{t=1}^{T} \sum_{i=1}^{N} \ln f_i(x_{it}; \alpha_i)$$

(1.30)

如果给定一组边际分布和一个 Copula 函数,就可以写出上述的似然函数,然后将似然函数最大化,就可以得到最大似然估计值,将边际分布的参数值和 Copula 函数的参数值同时估计出,即最大似然估计值为:

$$\hat{\Theta} = \arg\max l(\hat{\Theta})$$

(1.31)

这种估计方法称为最大似然估计(Maximam Likelibood Estimate, MLE)。

二、两阶段法

由上述的最大似然估计的过程可以看出,MLE 需要同时估计出边际分布和 Copula 函数的参数,如果待估参数比较多,特别是对多元 Copula 函数来说,该方法计算量大而且不太合理。因此,鉴于 MLE 法估计的似然函数由两个部分构成,在 1996 年乔和徐(Joe 和 Xu,1996)提出了两阶段法,将似然函数的参数估计分为两个步骤。

首先,利用 MLE 方法估计出边际分布函数 F_i 的参数 α_i :

$$\hat{\alpha}_i = \arg\max l_i(\alpha_i) = \arg\max \sum_{t=1}^{T} \ln f_i(x_{it}; \alpha_i) \qquad (1.32)$$

其次,将上式得到的 $\hat{\alpha}_i$ 带入(1.30)中,估计 Copula 函数的参数 θ,即

$$\hat{\theta} = \arg\max l_c(\theta) = \arg\max \sum_{t=1}^{T} \ln(c(F_1(x_{1t}, \hat{\alpha}_1), \cdots, F_n(x_{Nt}, \hat{\alpha}_N); \theta))$$

$$(1.33)$$

其中, l_i 为第 i 个边际分布的似然函数, l_c 为 Copula 的似然函数,那么 IFM 估计值是以下方程的结果:

$$\left(\frac{\partial l_1}{\partial \alpha_1}, \frac{\partial l_2}{\partial \alpha_2}, \cdots, \frac{\partial l_N}{\partial \alpha_N}, \frac{\partial l_c}{\partial \theta} \right) = 0' \qquad (1.34)$$

对应的 MLE 估计法则是整体似然函数方程求偏导的结果:

$$\left(\frac{\partial l}{\partial \alpha_1}, \frac{\partial l}{\partial \alpha_2}, \cdots, \frac{\partial l}{\partial \alpha_N}, \frac{\partial l}{\partial \theta} \right) = 0' \qquad (1.35)$$

由(1.34)和(1.35)两个式子可以看出,这两种估计方法是不等价的。

三、伪最大似然估计

除了上述的完全参数估计法之外,还有另外一种半参数估计法,而半参数估计法主要是指伪最大似然估计法(Pseudo Maximum Likehood, PML)。半参数估计方法与完全参数估计方法不同,它是基于经验分布的最大似然估计,该方法不对边际分布的具体形式作出假设,而是直接利用经验分布将样本数据 $\{x_{1t}, x_{2t}, \cdots, x_{Nt}\}_{t=1}^{T}$ 转换为统一均匀变量 $\{u_{1t}, u_{2t}, \cdots, u_{Nt}\}_{t=1}^{T}$,然后再估计出 Copula 参数,这种估计方法可以有效减少因边际分布假设带来的估计误差。伪最大似然估计过程如下。

首先,利用经验分布估计边际分布(不假定边际分布的参数形式),即:

$$\hat{F}_i(x_{it}) = \frac{1}{T+1} \sum_{t=1}^{T} 1\{x_{it} \leq x_t\}, \ i = 1, 2, \cdots, N \qquad (1.36)$$

其中,$1\{\cdot\}$ 是示性函数。

其次,通过 MLE 法估计 Copula 函数的参数,即:

$$\hat{\theta} = \arg\max \sum_{t=1}^{T} \ln(c(\hat{F}_1(x_{1t}), \hat{F}_2(x_{2t}), \cdots, \hat{F}_N(x_{Nt}); \theta)) \quad (1.37)$$

通过上述三种估计方法的比较可知:(1)参数估计法的效果完全依赖于变量的边际分布函数的拟合效果,边际分布拟合效果对完全参数估计法的影响更加显著;(2)相比完全参数估计法,半参数估计法的稳定性较好,且对 Copula 函数的估计相对保守一些;(3)如果边际分布函数的拟合准确的话,MLE 估计法的结果与半参数估计法的结果基本一致,但 MLE 法在计算上较为复杂,且估计出的边际分布和 Copula 函数的参数会相互影响,因此半参数估计法运用更广泛。

四、Copula 函数的非参数估计法

(一)经验 Copula 估计法

1981 年 Deheuvels 首次提出了基于经验分布估计 Copula 函数的非参数估计方法。假设 $X_i(i = 1, 2, \cdots, N)$ 是连续的随机变量,F_i 是其边际分布函数。设 $\{x_{1t}, x_{2t}, \cdots, x_{Nt}\}$ 为样本数据的顺序统计量,$\{r_{1t}, r_{2t}, \cdots, r_{Nt}\}$ 为其秩统计量,则 Deheuvels 经验 Copula 函数的定义为:

$$\hat{C}\left(\frac{t_1}{T}, \frac{t_2}{T}, \cdots, \frac{t_N}{T}\right) = \frac{1}{T}\sum_{t=1}^{T}\prod_{i=1}^{N} 1\{r_{it} \leqslant t_i\} \quad (1.38)$$

(二)核密度估计法

在金融分析过程中,核(kernel)结构是大多数非参数估计方法的基础,Scaillet 于 2004 提出将核方法应用在 Copula 函数中,它的优点在于能够对 Copula 函数进行光滑可微估计,而不需要对边际分布间的相关结构进行先验参数假定。

给定随机向量 $X = (X_1, X_2, \cdots, X_N)$,$k_n(\cdot)$,$n = 1, 2, \cdots, N$ 表示相应的一元核函数,令 $\{X_t\}_{t=1}^{T}$ 为随机向量序列,$X_t = (X_{1t}, X_{2t}, \cdots, X_{Nt})$ 的

联合分布函数和密度函数分别为 $F(\cdot),f(\cdot)$，X_{nt} 的边际分布函数和密度函数分别为 $F_n(\cdot),f_n(\cdot)$，则 X_{nt} 在点 x_n 处的边际密度函数 $f_n(x_n)$ 的估计值为：

$$\hat{f}_n(x_n) = \frac{1}{Th_n}\sum_{t=1}^{T}k_n\left(\frac{x_n - X_{nt}}{h_n}\right) \tag{1.39}$$

其中，h_n 为核函数 $k_n(\cdot)$ 的窗宽。X_t 在点 $x = (x_1,x_2,\cdots,x_N)'$ 处的联合密度函数为：

$$\hat{f}(x) = \frac{1}{T\mid h\mid}\sum_{t=1}^{T}\prod_{n=1}^{N}k_n\left(\frac{x_n - X_{nt}}{h_n}\right) \tag{1.40}$$

其中，$|h|$ 表示以 $h_n,n = 1,2,\cdots,N$ 为元素的对角矩阵 h 的行列式，因此 X_{nt} 在点 x_n 处的边际分布函数 $F_n(x_n)$ 的估计值为：

$$\hat{F}_n(x_n) = \int_{-\infty}^{x_n}\hat{f}_n(x_n)\,\mathrm{d}x_n \tag{1.41}$$

而 X_t 在点 $x = (x_1,x_2,\cdots,x_N)'$ 处的联合分布函数为

$$\hat{F}(x) = \int_{-\infty}^{x_1}\int_{-\infty}^{x_2}\cdots\int_{-\infty}^{x_N}\hat{f}(x)\,\mathrm{d}x \tag{1.42}$$

于是可以得到 Copula 的估计式为：

$$\hat{C}(u) = \hat{F}(\hat{\zeta}) \tag{1.43}$$

其中，$\hat{\zeta} = (\hat{\zeta}_1,\hat{\zeta}_2,\cdots,\hat{\zeta}_N)',\hat{\zeta}_n = \inf\{x_n\mid\hat{F}_n(x_n)\geqslant u_n\}$，$n = 1,2,\cdots,N$。常用的核函数如下。

表 1-1　常用的核函数名称和核函数表达式

Uniform（或 Box）	$\frac{1}{2}I(\mid u\mid\leqslant 1)$
Triangle	$(1 - \mid u\mid)\,I(\mid u\mid\leqslant 1)$
Gaussian	$\frac{1}{\sqrt{2\pi}}\exp\left(-\frac{1}{2}u^2\right)$

其中，$I(\cdot)$ 为示性函数，当 $\mid u\mid\leqslant 1$ 时，$I(\mid u\mid\leqslant 1) = 1$，否则

$I(|u| \le 1) = 0$。

核密度估计中窗宽 h 的取值会影响到 $\hat{f}(x)$ 的光滑程度。如果 h 取较大的值,将有许多的样本点对 x 处的密度估计产生影响,并且距 x 较近的点对应的核函数值差距不大,此时 $\hat{f}(x)$ 的图像是较为光滑的曲线,但同时也丢失了数据所包含的一些信息;如果 h 取值较小,只有很少的样本点对 x 处的密度估计产生影响,并且距 x 较近的点与较远的点对应的核函数值差距较大,此时 $\hat{f}(x)$ 的图像是不光滑的折线,但它能反映出每个数据所包含的信息。由此可知,选择合适的窗宽是至关重要的。特别地,当总体服从 $N(0, \sigma^2)$ 分布,且核函数 $k(x)$ 为高斯核函数时,最佳窗宽为:

$$\hat{h} = \left(\frac{4}{3}\right)^{\frac{1}{5}} \sigma T^{-\frac{1}{5}} = 1.06\sigma T^{-\frac{1}{5}} \qquad (1.44)$$

在实际应用中,上式中的 σ 应由样本标准差 S 来代替。

(三) 相关测度估计法

对于阿基米德族 Copula 函数,其生成函数 $\varphi(t)$ 是参数 θ 的函数。τ 和阿基米德 Copula 函数的生成函数的关系为:

$$\tau = 1 + 4\int_0^1 \frac{\varphi(t)}{\varphi'(t)}dt \qquad (1.45)$$

因此可以通过样本秩相关系数估计出 Copula 函数的参数。首先计算出样本 τ 的经验值,然后利用 τ 和 θ 的关系式得到参数 θ 的估计值。

表 1-2　阿基米德族 Copula 函数的 τ 和 θ

Copula 类型	Kendall τ	参数 θ	参数范围
Gumbel	$1 - \dfrac{1}{\theta}$	$\dfrac{1}{1-\tau}$	$[1, \infty)$
Clayton	$\dfrac{\theta}{\theta + 2}$	$\dfrac{2\tau}{1-\tau}$	$(0, \infty)$

续表

Copula 类型	Kendall τ	参数 θ	参数范围
Frank	$\tau = 1 + \dfrac{4}{\theta}[D(\theta) - 1]$		$(0, \infty)$

第三节　Copula 函数的检验方法

对于多元 Copula 函数，多数是通过数值解析方法进行检测，用拟合优度检验进行判定，常用方法有 KS 检验、AD 检验、χ^2 检验、AIC 判定和最小距离法[①]。

一、K-S 检验

K-S 检验法是一种非参数检验，比较适用于小样本数据的检测，它揭示了观测值与理论分布函数值之间的偏差。K-S 检验的统计量为：

$$KS = \max(\,|C(x_t) - \hat{C}(x_t)|\,) \tag{1.46}$$

K-S 函数中也有内置的临界值表，这个临界值表对应五种不同的显著性水平。对于指定的显著性水平，当样本容量小于或等于 20 时，K-S 函数通过在临界值表上做线性插值来计算临界值；当样本容量大于 20 时，通过一种近似方法求临界值。如果指定的显著性水平超出了某个范围（双侧检验是 0.01—0.1，单侧检验是 0.005—0.1）时，计算出的临界值为 NaN。K-S 函数把计算出的检验 p 值与指定的置信水平 α 作比较，从而作出接受或拒绝原假设的判断。对于双侧检验，当 $p \leqslant \dfrac{\alpha}{2}$ 时，拒绝原假设；对于单侧检验，当 $p \leqslant \alpha$ 时，拒绝原假设。

---

① 王宗润：《金融风险测度与集成研究——基于 Copula 理论与方法》，科学出版社 2014 年版，第 21 页。

二、AD 检验

AD(Anderson-Darling, AD)检验作为 KS 检验的一种补充和修正，它对于分布函数尾部的偏差赋予更多的权重。为了减少该检验的外部影响，可以采取 $|\hat{C}(x_t) - C(x_t)|$ 代替 $|\hat{C}(x_t) - C(x_t)|^2$，则可得到其检验统计量为：

$$T_{AD} = \max \frac{|\hat{C}(x_t) - C(x_t)|}{\sqrt{C(x_t)[1 - C(x_t)]}} \qquad (1.47)$$

同样，AD 检验的统计量越小，说明两条分布函数的拟合度越好。

三、χ^2 检验

χ^2 检验是基于大样本假设下一种检验方法，用来根据样本数据推断总体分布与期望分布是否存在显著差异，它的基本思想是检验样本观测频数与总体期望频数的差异，来判断经验分布是否服从总体分布。检验统计量为：

$$T_{\chi^2} = \sum_{i=1}^{k} \frac{[n_i - np_i]^2}{np_i} \qquad (1.48)$$

其中，n 为样本容量，k 为样本空间被划分的区域个数，n_i 是观测值实际出现在第 i 个子集的频数，p_i 为模型变量落在第 i 个子集内的理论概率。统计量 T_{χ^2} 服从自由度为 $(k-1)^2 - s - 1$ 的 χ^2 分布，其中，s 为模型中参数的个数。当 $T_{\chi^2} < \chi_\alpha^2((k-1)^2 - s - 1)$ 时，可以认为在 $1 - \alpha$ 置信水平下模型拟合有效。

四、AIC 判定法

Akaike 信息准则(Akaike Information Criterion, AIC)适用于最大似然估计的参数估计，其定义为：

$$AIC = -2\ln f(x_i; \hat{\theta}_m) + 2m \tag{1.49}$$

其中，$f(x_i; \hat{\theta}_m)$ 是最大似然函数；m 是独立参数，如果模型中只含有一个估计参数，则 $m = 0$。AIC 值可以很好地反映模型和参数估计值对数据的适应度，其值越小，模型拟合效果越好，因此 AIC 准则判定效果比较准确，但是收敛性比较差。

五、最小值距离法

最小距离法揭示了分布函数的理论值 C 和经验 Copula 的估计值 $\hat{C}$ 之间的差距，如果 Copula 函数可以较好地拟合样本数据，则二者比较接近，因此使二者的距离最小的理论 Copula 即为最优 Copula 函数，用公式表示为：

$$d = \left\{ \sum_{t=1}^{T} \left[C_t(u_1, u_2, \cdots, u_N) - \hat{C}_t(u_1, u_2, \cdots, u_N) \right]^2 \right\}^{\frac{1}{2}} \tag{1.50}$$

第四节 Copula 函数的模拟算法

在对 Copula 函数进行研究时通常需要对建立的 Copula 函数进行模拟，下面给出 Copula 函数的模拟方法。

一、基于条件概率积分变换的模拟算法

条件概率积分变换（Conditional Probability Integral Transformation, CPIT）又称为 Rosenblatt 变换，对于给定的 N 维多变量分布函数，通过该变换可以将这些具有某种相关结构的随机变量变换为 $(0,1)^N$ 空间上的相互独立的均匀分布随机变量。下面给出 Copula 函数的条件概率积分变换定义。

定义 1.6 对于映射 $R: (0,1)^N \rightarrow (0,1)^N$，对其中每一个向量

$U(u_1, u_2, \cdots, u_N)$ 做变换,得到 $R(U) = (E_1, E_2, \cdots, E_N)$,其中, $E_1 = u_1$,并且当 $i = 2, 3, \cdots, N$ 时,有:

$$E_i = \frac{\dfrac{\partial^{i-1}(u_1, u_2, \cdots, u_i, 1, \cdots, 1)}{\partial u_1 \partial u_2 \cdots \partial u_{i-1}}}{\dfrac{\partial^{i-1}(u_1, u_2, \cdots, u_{i-1}, 1, \cdots, 1)}{\partial u_1 \partial u_2 \cdots \partial u_{i-1}}} \qquad (1.51)$$

由定义 1.6,经过变换后的随机变量 $E_i(i = 1, 2, \cdots, N)$ 为 $(0,1)^N$ 空间上的独立均匀分布,利用 Copula 函数的条件概率积分变换,可以得到如下模拟算法。

步骤 1 生成独立的服从 $(0,1)$ 上的均匀随机变量 $x_1, x_2, \cdots, x_N$;

步骤 2 利用公式 (1.51) 计算给定 Copula 函数的 $E_2, \cdots, E_N$ 表达式;

步骤 3 令 $u_1 = x_1$;

步骤 4 将 u_1 带入 E_2 ,求解 $E_2 = x_2$ 得到 u_2 ;

步骤 5 将 u_1, u_2 带入 E_3 ,求解 $E_3 = x_3$ 得到 u_3 ,以此类推,产生一列向量 $u_1, u_2, \cdots, u_N$,则 $(u_1, u_2, \cdots, u_N)$ 为服从给定 Copula 函数的随机数。

二、椭圆族 Copula 函数的模拟算法

椭圆族 Copula 函数多数是通过 Cholesky 分解进行模拟。

对于正态 Copula 函数,假设 $\{u_{1t}, u_{2t}, \cdots, u_{Nt}\}$ $(t = 1, 2, \cdots, T)$ 为给定的样本,令:

$$\hat{\Sigma} = \frac{1}{T} \sum_{t=1}^{T} \zeta_t \zeta_t' \qquad (1.52)$$

其中, $\zeta_t = (\zeta_{1t}, \zeta_{2t}, \cdots, \zeta_{Nt})'$, $\zeta_{nt} = \Phi^{-1}(u_{nt})$, $n = 1, 2, \cdots, N$, T 是样本个数。显然 $\hat{\Sigma}$ 是正态 Copula 函数相关系数矩阵 ρ 的最大似然估计。多元正态 Copula 函数模拟算法如下。

步骤 1　生成 N 个独立同分布均服从 $N(0,1)$ 的随机变量 $x = (x_1, x_2, \cdots, x_N)$；

步骤 2　对公式(1.52)所得的 $\hat{\Sigma}$ 进行 Cholesky 分解，即 $\hat{\Sigma} = A'A$；

步骤 3　令 $y = A'x$；

步骤 4　令 $u_i = \Phi(y_i)$，$i = 1, 2, \cdots, N$，则 $(u_1, u_2, \cdots, u_N)$ 为服从正态 Copula 函数的随机数。

对于 t-Copula 函数，假设 $\{u_{1t}, u_{2t}, \cdots, u_{Nt}\}$（$t = 1, 2, \cdots, T$）为给定的样本，令：

$$\hat{\Sigma} = \frac{1}{T} \sum_{t=1}^{T} \zeta_t \zeta_t' \tag{1.53}$$

其中，$\zeta_t = (\zeta_{1t}, \zeta_{2t}, \cdots, \zeta_{Nt})'$，$\zeta_{nt} = T_\nu^{-1}(u_{nt})$，$n = 1, 2, \cdots, N$，$\nu$ 是自由度，T 是样本个数。要求 t-Copula 函数相关系数矩阵 ρ 的最大似然估计 $\hat{\Sigma}$，需要通过如下迭代计算得到。首先令(1.53)得到的 $\hat{\Sigma}$ 记为 $\hat{\Sigma}_0$，然后通过：

$$\hat{\Sigma}_{n+1} = \frac{1}{T} \left(\frac{\nu + N}{\nu} \right) \sum_{t=1}^{T} \frac{\zeta_t \zeta_t'}{1 + \frac{1}{\nu} \zeta_t' \hat{\Sigma}_n \zeta_t}$$

重复上述步骤直到 $\hat{\Sigma}_{n+1} \approx \hat{\Sigma}_n$ 为止，即可得到 t-Copula 函数相关系数矩阵 ρ 的最大似然估计：

$$\hat{\Sigma} = \hat{\Sigma}_n \tag{1.54}$$

多元 t-Copula 函数模拟算法如下。

步骤 1　生成 N 个独立同分布均服从 $N(0,1)$ 的随机变量 $x = (x_1, x_2, \cdots, x_N)$；

步骤 2　对公式(1.54)所得的 $\hat{\Sigma}$ 进行 Cholesky 分解，即 $\hat{\Sigma} = A'A$；

步骤 3　令 $y = A'x$，同时产生一个与 x 独立、自由度为 ν 的卡方分

布的随机变量 z ;

步骤 4　令 $u_i = t_\nu \left(\dfrac{y_i}{\sqrt{z/\nu}} \right), i = 1, 2, \cdots, N$,则 $(u_1, u_2, \cdots, u_N)$ 为服从多元 t-Copula 函数的随机数。

三、阿基米德 Copula 函数的模拟算法

对于服从阿基米德 Copula 的随机变量可以通过拉普拉斯变换生成。首先给出如下引理。

引理 1.1　任意一个从 $[0, \infty]$ 到 $[0, 1]$ 的完全单调函数 φ 如果满足 $\varphi(0) = 1$,则必然存在一个定义在 R^+ 上的分布函数 G ,使得:

$$\varphi(t) = \hat{G}(t) = \int_0^\infty e^{-tx} \mathrm{d}G(x) \tag{1.55}$$

由定义 1.6 可知, N 元阿基米德 Copula 函数的生成元 φ 的逆函数 φ^{-1} 不仅满足 $\varphi^{-1}(0) = 1$,而且 φ^{-1} 完全单调,因此必存在一个定义在 R^+ 上的分布函数 G ,使得:

$$\varphi^{-1}(t) = \hat{G}(t) = \int_0^\infty e^{-tx} \mathrm{d}G(x), t \geqslant 0 \tag{1.56}$$

其中, $\hat{G}(t)$ 为 G 的拉普拉斯变换。显然 $\hat{G}^{-1} = \varphi$ 是多元阿基米德 Copula 函数的生成元。

命题 1.1　假设 G 是定义在 R^+ 上的分布函数,满足 $G(0) = 0$,且其拉普拉斯变换 $\hat{G}(t)$ 满足 $\hat{G}(\infty) = 0$ 。令 V 是服从分布函数为 G 的随机变量。$U_i (i = 1, 2, \cdots, N)$ 是在 $V = v$ 条件下的独立随机变量序列,如果对任意的 $u_i \in [0, 1]$, U_i 的条件分布函数为 $F_{U_i|V}(u_i \mid v) = \exp [-v\hat{G}^{-1}(u_i)]$,则

$$P\{U_1 \leqslant u_1, U_2 \leqslant u_2, \cdots, U_N \leqslant u_N\}$$

$$= \hat{G}[\hat{G}^{-1}(u_1) + \hat{G}^{-1}(u_2) + \cdots + \hat{G}^{-1}(u_N)] \tag{1.57}$$

因此随机向量 $U = (U_1, U_2, \cdots, U_N)$ 的分布函数就是由 $\varphi = \hat{G}^{-1}$ 生成的 N 元阿基米德 Copula 函数。

由命题 1.1 可得如下模拟阿基米德 Copula 随机变量的算法。

步骤 1 生成独立的服从 $(0,1)$ 上的均匀随机变量 $x_1, x_2, \cdots, x_N$;

步骤 2 生成服从分布为 G 的变量 V。其中,G 的拉普拉斯变换 $\hat{G}$ 的逆函数是 N 元阿基米德 Copula 的生成元;

步骤 3 令 $u_i = \hat{G}\left(-\dfrac{\ln x_i}{V}\right)$,$i = 1, 2, \cdots, N$,则 $U = (u_1, u_2, \cdots, u_N)$ 为服从给定阿基米德 Copula 的随机数。

表 1-3 阿基米德族 Copula 函数对应的拉普拉斯分布

Copula 类型	生成元 $\varphi(t)$	生成元逆函数 $\varphi^{-1}(s)$	拉普拉斯变换分布	对应参数
Gumbel	$(-\ln t)^{\theta}$	$\exp(-s^{\frac{1}{\theta}})$	stable $(\alpha, \beta, \gamma, \delta)$	$\alpha = \dfrac{1}{\theta}, \beta = 1,$ $\gamma = \left(\cos\dfrac{\pi}{2\theta}\right)^{\theta},$ $\delta = 0$
yton	$t^{-\theta} - 1$	$(1+s)^{-\frac{1}{\theta}}$	Gamma (α, β)	$\alpha = \dfrac{1}{\theta}, \beta = 1$
Frank	$-\ln\dfrac{e^{-\theta t} - 1}{e^{\theta} - 1}$	$-\theta^{-1}\ln(1 + e^{-s}(e^{-\theta} - 1))$	Ln(α)①	$\alpha = 1 - e^{-\theta}$

利用表 1-3 对应的拉普拉斯变换分布可以通过给定的模拟方法生成相应的阿基米德族 Copula 函数的随机数。

---

① Ln(α) 分布的概率分布为 $p_k = \dfrac{\alpha^k}{-k\ln(1-\alpha)}$,$k \in \mathrm{N}$(自然数),$\alpha \in (0,1)$。

第二章 商业银行的风险识别与度量

银行既是一个古老的行业,同时也是一个高风险的行业。20世纪国际金融市场上利率与汇率动荡起伏,科学技术迅猛发展,从20世纪70年代开始,金融管制进一步放松,这使得银行竞争加剧,银行业面临着前所未有的风险。本章主要对商业银行经营过程中面临的风险进行识别,并给出其主要风险的度量模型及方法。

第一节 商业银行风险识别

商业银行从本质上来说是经营风险的金融机构,是以经营风险作为其盈利的根本途径。自商业银行诞生起,风险便也随之出现,并且无处不在,无时不有,而商业银行是否愿意承担风险,能否及时有效地应对和控制风险,直接决定了商业银行的经营成败和绩效,因此风险管理成为商业银行经营管理的重要组成部分。商业银行风险是指商业银行在经营过程中,由于各种不确定因素而招致经济损失的可能性,即政策因素、市场因素等外部原因和自身经营与管理等内部原因导致的资产损失或陷入危机的可能性。宏观的政治、经济环境与微观的经营环境的不确定性,均构成了银行经营管理中的风险。商业银行经营管理过程中面临的风险主要有信用风险、市场风险、操作风险、流动性风险、政策风险、环境风险等。随着国际银行业风险的复杂化和金融创新的发展,2004年公布的《巴塞尔新资本协议》将风险管理中对单一的信用风险的管理转变为对包括信用风险、市场风险、操作风险等多种类型风险在内的整合风险的管理,而对于商业银行信用风险、市场风险和操作风险的独立度量研究,是不同类型风险整合度量与管理的基础。鉴于此,在介绍商业银行的整合风险管理方法之前,本章将首先对商业银行面临的三类重要风险,即信用风险、市场风险、操作风险展开研究。下面将分别阐述三类风险的定义和各自的度量方法。

第二节　信用风险及其度量方法

一、信用风险内涵

信用风险是商业银行贷款或投资债券中的一类风险,是指由于欠款者或合作方不能够或者不愿意遵守既成的约定而给对方带来资金或者荣誉损失的可能性,以及由于欠款人的口碑或者信誉变动又或者遵守约定能力的变化导致其所欠债务价值的变动而引发损失的可能性。造成银行信用风险的主要原因有两个方面:一方面来源于经济运行的周期性,在经济扩张阶段,信用风险降低,这是因为较好的盈利能力能促使总体的违约率降低;在经济紧缩阶段,信用风险增加,这是由于营利情况总体恶化,债务人不能及时、足额地偿还银行贷款的可能性增加。另一方面来自对公司经营有负面影响的特殊事件的发生,这一类特殊事件的发生与经济周期没有直接关系,但对公司经营有重要影响,比如产品质量诉讼等。具体而言,信用风险分为两类:一是债务人或交易对手没有能力或意愿履行还款义务而造成损失的可能性,称为违约风险(Default Risk);二是债务人或交易对手信用等级或信贷评级的下调、信贷利差的扩大导致资产的经济价值或市值下降而造成损失的可能性,称为信用利差风险(Credit Spread Risk)。信用风险具有以下特征：

1. 系统性与非系统性

其系统性是指信用风险与宏观经济周期、行业发展状态、政策法规等因素有着密切的联系，如经济繁荣期，信用风险减小，而处于萧条期，则增大。对于其非系统性则源于经济社会的行为主体，如贷款投资策略、借款人经营管理能力、借款人财务状况，甚至于还款意愿与风险偏好等非系统因素。因此，信用风险的该特征增加了信用风险的复杂性与多样性。

2. 信息不对称性与道德风险

由于交易双方是不同的经济主体，因此彼此的交易通常是在信息不对称的条件下进行的，正是由于债权人信息掌握缺乏或信息错误，也即在信息失衡的情况下，债务人会出于自身利益最大化的目的，使道德风险发生的概率增大，违约的可能性增加，最终演变为信用风险。

3. 风险回报的非对称性

由于银行贷款的收益是固定且有上限的，而其损失却是变化且无下限的，所以信用风险的收益分布呈现出不对称的偏峰厚尾现象，概率分布向左倾斜，并在左侧出现厚尾。这一特征使得难以对信用风险进行正态分布的假设，为其度量分析带来了困难。

4. 缺乏量化的资料

信用风险的量化分析比较困难，主要是因为观察数据较少且不易获得。由于信用产品的流动性差，缺乏二级交易市场，而发达的二级市场则能提供大量的数据；其次，贷款等信用产品的持有期较长，即便违约，其频率远比市场风险的观察数据低；并且信用产品一般不采取盯市法，而在违约发生前采用账面价值，因而其价格数据难以反映信用风险变化。

二、信用风险度量方法

信用风险是商业银行在经营活动过程所面临的最重要的风险。长期以来，众多学者对信用风险度量的探索过程大致分为三个阶段：首先是 20 世纪 70 年代以前，绝大部分的金融机构都采取专家分析法；其次是在 20 世纪 70 年代初到 80 年代末，金融机构开始采用基于财务指标的信用评级方法，如线性概率模型、Logit 模型、Probit 模型等；最后是 20 世纪 90 年代以后，一些著名的国际性商业银行开始探索并运用现代金融理论和数学工具来估算信用风险，建立了以风险价值为基础、以违约概率和预期损失为核心的度量模型。

当前国际上具有代表性的信用风险量化模型主要包括管理模型和估价模型两大类。信用风险管理模型是建立在违约证券估价的理论基础上，主要包括 Credit Metrics 模型，Credit Risk+模型和信贷组合观点（Credit Portfolio View）模型。而信用风险估价模型则源于莫顿（Merton）的开创性工作——结构化模型的应用与推广，其中应用最广泛的便是信用监控模型（KMV 模型）。在上述四种模型中，Credit Metrics 模型关注违约和信用转移，而忽视了利率风险和利差风险。同样基于保险精算方法的 Credit Risk+模型也忽略了利率和信用利差的期限结构这样重要的市场信息。信贷组合观点（Credit Portfolio View）模型将各种影响违约概率和信用等级转换概率的宏观因素纳入体系中，模型的系数有赖于每个国家甚至国内每个行业的违约数据，其适应性受到局限。而 KMV 模型可充分利用资本市场的信息，对所有公开上市的企业进行信用风险量化分析，并且该模型有很强的理论基础做依托，是建立在当代公司财务理论和期权理论基础之上，得到的预期违约概率有较强的说服力，且更及时、准确。因此 KMV 模型在我国的企业信用风险管理实践中得到了大量的运用。下面主要介绍 Credit

Metrics 模型和 KMV 模型。

Credit Metrics 模型①是由 J.P.Morgan(摩根)、美国银行、KMV 和瑞士银行等金融机构于 1997 年合作推出的一个 VaR 计算框架和方法,适用于像贷款等非交易性信用资产的估值和风险计算。它的基本思想是通过考虑债务人在一定时期内违约、信用等级转移及其所导致的信用价差变化等因素,来确定信用资产组合的市场价值及其波动,再利用债务人期末可能转移到的信用等级所对应的信用资产组合价值,建立信用资产组合的价值分布,最后利用价值分布得到一定置信水平下信用资产组合的 VaR。一般需要以下步骤。

步骤 1 选择评价体系和确定信用等级转移矩阵;

步骤 2 确定信用期限长度;

步骤 3 给出信用风险定价模型;

步骤 4 确定信用资产价值的分布并计算对应的 VaR。

KMV 模型②是运用期权定价的思想,通过可观测的公司股市价值来推测公司资产价值以及资产收益率的波动性,以此来估计公司的违约概率的一种信用监控模型,其基本思想是债务人的资产价值变动是驱动信用风险产生的本质因素。KMV 模型最适用于上市公司,是建立在债务人公司的股票价格被正确评估的基础之上的。KMV 模型有以下三个步骤。

步骤 1 估计公司的资产价值和资产价值收益率波动性;

根据 Black-Scholes 公式,可以通过如下方程得到公司资产价值 V 和公司资产价值收益率的波动系数 σ_V,

$$\begin{cases} S = V\Phi(d_1) - De^{-rT}\Phi(d_2) \\ \sigma_S = \sigma_V \dfrac{V\Phi(d_1)}{S} \end{cases} \tag{2.1}$$

---

① 张金清:《金融风险管理》(第二版),复旦大学出版社 2011 年版,第 195 页。
② 张金清:《金融风险管理》(第二版),复旦大学出版社 2011 年版,第 206 页。

其中, $d_1 = \dfrac{\ln(\dfrac{V}{D}) + (r + \dfrac{\sigma_V^2}{2})T}{\sigma_V\sqrt{T}}$; $d_2 = d_1 - \sigma_V\sqrt{T}$, S 是股权价值, σ_S 是

公司股权价值的波动率系数, D 是违约临界值,KMV 公司将其设定为短期负债加上长期负债的一半, r 是无风险利率, T 是债务期限, Φ 是标准正态分布的分布函数,股权价值 S 的波动率记为 σ_S 。

步骤 2　计算违约距离 DD;

当假定公司资产价值服从几何 Brown 运动时,违约距离为:

$$DD = \frac{\ln(\dfrac{V}{D}) + (\mu_V - \dfrac{\sigma_V^2}{2})T}{\sigma_V\sqrt{T}} \tag{2.2}$$

其中, μ_V 是资产的预期收益率。

当公司资产价值不服从几何布朗运动时,KMV 公司给出了一个直接计算违约距离的方法,

$$DD = \frac{V - D}{\sigma_V} \tag{2.3}$$

步骤 3　计算基于违约距离的预期违约率;

当假定公司资产价值服从几何布朗运动时,预期违约率可以通过违约距离来计算:

$$EDF = \Phi(-DD) \tag{2.4}$$

这个是理论期望违约概率。如果拥有历史违约数据库,则可计算经验 EDF,即:

$$经验\ EDF = \frac{期初违约距离为\ DD、期末发生违约的企业数目}{期初违约距离为\ DD\ 的企业总数} \tag{2.5}$$

KMV 模型是通过违约距离 DD 或违约概率 PD 来间接衡量信用风险,但是如果用于整合风险管理则不够直观,而信用价差(又称信用溢价)是指为了补偿违约风险,债券人要求债务人在到期日提供高于

无风险利率的额外收益,可以准确反映企业的信用风险,因此可以利用信用价差来衡量信用风险。国内外的代表性研究有:中岛美嘉和斋藤(Nakashima 和 Saito,2009)、冈泰和哈克巴斯(Guntay 和 Hackbarth,2010)、刘文健等(Liu 等,2011)等都验证了企业债的信用溢价和企业的信用风险是正相关的;黄玉英(Hwang,2010)将债券的信用溢价作为股票违约风险的代表展开研究;贝文和加扎雷利(Bevan 和 Garzarelli,2000)、吉尔斯特等(Gilchrist 等,2009)发现信用溢价可反映出宏观经济的系统风险变化;阮文俊等(2003)和周孝坤(2006)证明债券溢价在很大程度上能够揭示违约风险的大小;李晓庆等(2006)的研究表明我国一些短期融资券信用溢价的差异较为明显。

莫顿(Merton)在 Black-Scholes 期权定价公式的基础上,得出了信用价差公式,即:

$$R = y - r = -\frac{1}{T}\ln\left[\Phi(d_2) + \frac{V}{De^{-rT}}\Phi(-d_1)\right] \qquad (2.6)$$

其中,y 表示折现债务的到期收益率。可以利用(2.1)式得到的 V 和 σ_V 通过(2.6)式来计算企业的信用风险。

三、信用风险的实证分析

本节的研究中,选择中国境内上市的 14 家商业银行:北京银行、工商银行、华夏银行、建设银行、交通银行、民生银行、南京银行、宁波银行、平安银行、浦发银行、兴业银行、招商银行、中国银行和中信银行作为研究样本,时间窗口为 2008 年 1 月 1 日到 2014 年 12 月 31 日。收集这些银行每个季度的每股净资产、流动负债、长期负债、每个交易日的收盘价、流通股数、非流通股数,每日无风险利率等数据,数据来源于锐思金融研究数据。

首先计算股权价值 S 和波动率 σ_S,单个银行的股权价值计算公

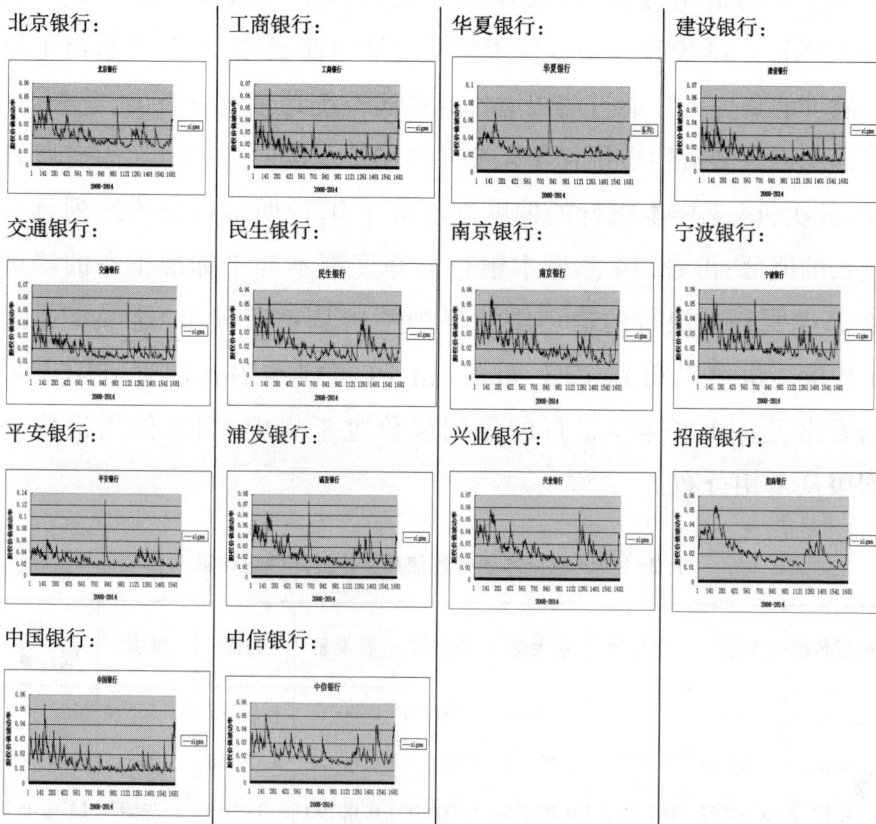

图 2-1　14 家样本银行的股权价值波动率

式为：

$$S = 企业流通股股数 \times 股票市价 + 非流通股数 \times 每股净资产$$

其中，非流通股数包含限售股份，利用得到的股权价值 S 和 GARCH(1,1) 模型，通过 Eviews 7.0 计算 S 的波动率 σ_S。结果如图 2-1 所示。然后计算违约点，违约点的计算公式为：

$$D = 流动负债 + 0.5 \times 长期负债$$

同时债务期限 $T = 365$，无风险利率采用锐思数据库的每日无风险收益率。将上述结果代入式（2.1），即可得到银行的资产价值 V 和波动率系数 σ_V。将得到的数据代入公式（2.6），即可得到每家银行在每

个交易日的信用溢价,将其作为该银行的信用风险进行研究。表
2-1 给出了 14 家样本银行信用溢价的描述性统计,图 2-2 给出了信
用溢价的直方图。通过信用溢价的描述性统计量可以看出:首先,14
家样本银行的信用溢价均值均集中在 0.0—0.1,且均值大小有所差
异;其次,14 家样本银行的偏度都不等于 0,说明信用溢价序列具有
较长的尾部;再者,14 家样本银行的峰度都不等于标准正态的峰度
值 3,说明样本银行的信用溢价序列不服从正态分布,这一点通过
J-B 检验也可以得到说明;最后,由 14 家样本银行的直方图也可
以看出,这 14 家样本银行的信用溢价过于集中,因此信用溢价并
不服从常用分布。

表 2-1 14 家样本银行的信用溢价描述性统计量

银行名称	均值	中位数	最大值	最小值	标准差	偏度	峰度	J-B 统计量
北京银行	0.01393	0.01333	0.07512	0.00020	0.00767	1.84277	11.73594	6322.952
工商银行	0.02830	0.02844	0.07522	0.01852	0.00328	3.08568	33.36845	67343.02
华夏银行	0.04197	0.04105	0.07918	0.00148	0.00790	-0.2910	7.39607	1376.487
建设银行	0.04393	0.04347	0.08993	0.00162	0.01773	0.22135	2.03408	79.31089
交通银行	0.04037	0.04159	0.08603	0.00305	0.02027	0.17204	1.60084	145.8417
民生银行	0.06684	0.06993	0.09995	0.00168	0.00112	-3.0257	12.9325	9497.460
南京银行	0.03839	0.03171	0.09483	0.00190	0.01990	0.51472	2.16529	123.7591
宁波银行	0.03159	0.02698	0.08162	0.00034	0.01846	1.31054	3.84924	533.9190
平安银行	0.04091	0.04076	0.07687	0.00069	0.01595	-0.2215	2.50058	30.02421
浦发银行	0.06193	0.06488	0.07962	0.01060	0.01454	-2.2746	7.35885	2783.575
兴业银行	0.04148	0.39137	0.07841	0.00095	0.01920	0.44550	2.33774	86.52834
招商银行	0.06520	0.07083	0.07751	0.00117	0.01518	-2.4855	8.15220	3585.746
中国银行	0.05308	0.05183	0.07812	0.00430	0.00511	-1.0850	19.87161	20315.46
中信银行	0.04013	0.04163	0.07692	0.00021	0.02087	0.19134	1.57946	151.7771

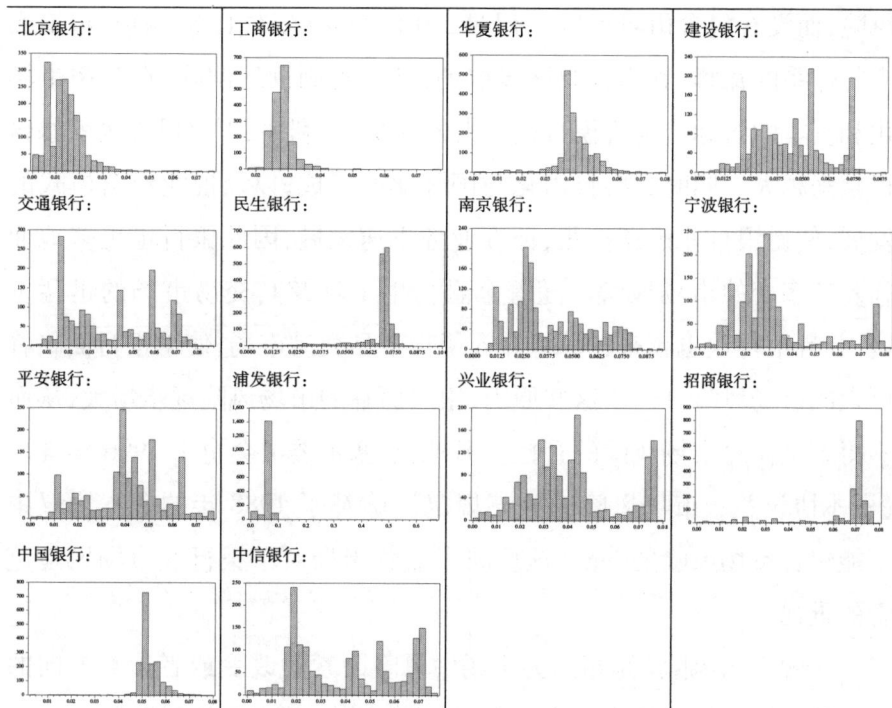

图 2-2　14 家样本银行的信用溢价直方图

第三节　市场风险及其度量方法

一、市场风险内涵

早期传统商业银行的主要收入来源于存贷利差,利率因为受到政府管制而相对稳定,所以利率风险并不明显;而且早期的金融市场实行银行业与证券业分业经营,商业银行较少涉及金融证券等表外业务,从而面临的主要是信用风险而承担的市场风险较少;且在布雷顿森林体系下,各国均实施固定汇率制,因此银行面临的汇率风险甚微。基于此,银行业和监管部门在较长的时间内并没有认识与重视市场风险,甚至在 1988 年的巴塞尔协议中,对于银行资产风险的计算也仅考虑信用风险,而没有包含市场风险。但是,20 世纪 80 年代以来,随着布雷顿森林体系的瓦解,利率管制逐步取消,外汇管制彻底解除,在利率市场化和资本的国际流动规模日益增大的环境下,利率、汇率风险也就暴露得越来越大。同时金融自由化与国际化的形成,以及混业经营模式的发展,使得银行业迅速扩张,证券业务迅速发展,因此银行也更多地面临复杂多变的市场风险。随着金融衍生工具及其交易市场的迅猛发展,并且银行业也越来越深地介入了衍生品交易市场,使得银行面临着更大的市场风险。由于这些原因,银行面临的市场风险逐步增大,从而不得不重视对市场风险的管控。另外,巴塞尔委员会也于 1996 年推出《资本协议关于市场风险的补充规定》,弥补了 1988 年的资本协议中未能包含市场风险的缺陷,这反映了监管当局对于银行业市场风险监管的重视。

金融市场风险①是指因为市场中风险因素的改变或者影响方向的改变致使资产组合将来预期收益的不确定性,其中市场风险因子主要包括股票的价格、货币间的兑换比率、存款的利息以及各类金融衍生品的价格等。因此金融市场风险也常被称为资产的价格风险,为方便起见,一般简称为市场风险。按照风险类型划分,市场风险可以分为利率风险、汇率风险、股价风险和商品价格风险四种表现形式,分别是指由于利率、汇率、股价和商品价格的不利变动而带来的风险,其中利率风险是整个金融行业中最重要的风险,是指在一定期限内由于利率的非预期变化,而给银行收益和资产价值带来的潜在影响。商业银行以存贷业务为主,其资产和负债的期限结构通常不匹配,因此利率的上下变动会使银行收益和价值产生变动。汇率风险是市场风险的重要组成部分,是指银行在国际业务中,持有的外汇资产与负债因汇率变动导致价值不确定,从而给商业银行带来不利影响的可能性,也可理解为不同国

---

① 张金清:《金融风险管理》(第二版),复旦大学出版社 2011 年版,第 11 页。

家货币兑换比率发生变化而导致的资产价值变动的风险。当银行经营投资外币业务时通常会面临此类风险,这也是银行外汇业务中独有的风险形式。随着我国经济持续增长,众多企业进行海外投资,汇率风险也随之增加;同时,自人民币汇率机制改革实施以来,人民币兑换外汇的风险也随之增加,因此我国商业银行的汇率风险也随之上升。股价风险,主要指银行投资的股票等证券价格的变化所带来的风险。影响股票价格波动的因素相对复杂,既有宏观经济的影响,也有企业经营等微观因素,还可能包含行业层面的原因,因而更难察觉与管理。商品价格风险,是指那些可以在二级市场上交易的实物产品等商品价格的变动对银行的投资经营带来的风险。

相对于信用风险,市场风险的历史信息和历史数据比较容易搜集,从而便于通过数理统计和计算机等方法去研究。并且市场风险是由于整个外部经济环境的改变,比如证券价格、利率、汇率等市场风险因子的变化而使整个商业银行所面临的风险,引发它的原因很多,涉及的范围很广,发生也较为频繁,并且常常会引发其他金融风险,譬如利率风险等,因此市场风险具有明显的系统性风险特征。系统性商业银行市场风险的形成原因主要有两个方面:一是外生性原因,主要是存在于商业银行外部、银行无法控制的风险因素,比如经济结构与金融结构的发展是否平衡、经济的发展程度是否能适应金融所处的阶段等;二是内生性原因,主要是指商业银行内部是否有健全完善的风险防范体制。

二、市场风险度量方法

市场风险是由于金融市场的变动导致的,因此在准确辨别、计算风险的基础上对市场风险进行管理,通过科学技术和数学工具的分析,进而使得金融机构能够有效地控制和避免风险。与其他理论和方法的演变规律一样,市场风险度量方法也经历了一个由简到繁、由粗到精的演变过程。在早期,其度量方法只是名义值度量法,这种方法非常简单和粗糙,仅仅是用资产组合的价值作为该组合的市场风险值。但是,随着金融市场结构日渐复杂,金融交易的波动愈发地迅猛和复杂,仅仅靠名义值度量法是远远无法应对所面对的严峻形势的。为此研究人员不断地探索更加精准的度量方法。目前主要使用的市场风险度量方法有利率缺口分析法、外汇敞口分析法、久期分析法、波动性方法及风险价值(VaR)方法。其中以 VaR 为标准的市场风险测度方法是当前最重要的趋势。下面简单介绍一下市场风险的两种度量方法:波动性方法和 VaR 方法。

(一) 波动性方法[①]

波动性方法是最早是由马科维茨(Markowitz)提出的一种用方差(或标准差)度量风险的定量分析方法,对于单种资产而言,假设资产的收益率 r 是一个随机变量,其预期收益即均值为 μ ,标准差为 σ 。由于 σ 可以反映资产收益率 r 偏离预期收益率的幅度,所以可以用 σ 来度量资产的风险, σ 越大,表明资产收益率的波动越大,因此其面临的市场风险就越大;反之,则说明该资产面临的市场风险越小。

当资产收益率的概率分布不能确定时,可以利用随机变量 r 的历史样本观测值来估计 r 的均值和标准差。假设 r 有 m 个样本观测值,分别为 $r_1, r_2, \cdots, r_m$,则 r 的均值 μ 的估计值为:

$$\hat{\mu} = \frac{1}{m} \sum_{i=1}^{m} r_i \qquad (2.7)$$

标准差 σ 的估计值为:

$$\hat{\sigma} = \sqrt{\frac{1}{m-1} \sum_{i=1}^{m} (r_i - \hat{\mu})^2} \qquad (2.8)$$

对于投资组合而言,我们也可以用资产组合收益率的方差或标准

---

① 张金清:《金融风险管理》(第二版),复旦大学出版社 2011 年版,第 72 页。

差来度量资产组合的风险。假设资产组合 $w = (w_1, w_2, \cdots, w_n)^T$，其中 w_i 表示第 i 项资产在资产组合中所占的比重，且 $\sum_{i=1}^{n} w_i = 1$，r_i 表示第 i 项资产的收益率，$i = 1, 2, \cdots, n$，则资产组合的收益率为：

$$r_p = \sum_{i=1}^{n} w_i r_i$$

对应的预期收益率和方差分别为：

$$\mu_p = \sum_{i=1}^{n} w_i \mu_i$$

$$\sigma_p^2 = \sum_{i=1}^{n} \sum_{j=1}^{n} \mu_i \mu_j \rho_{ij} \sigma_i \sigma_j$$

其中，μ_i 和 σ_i 分别为 r_i 的均值和标准差，ρ_{ij} 为 r_i 和 r_j 的相关系数。当不知道资产组合收益率的分布时，可以利用 r_i 的历史数据来估计这些变量。其中，μ_i 和 σ_i 的估计量可以利用公式（2.7）和（2.8）得到，相关系数 ρ_{ij} 的估计为：

$$\hat{\rho}_{ij} = \frac{\dfrac{1}{m-1} \sum_{k=1}^{m} (r_{ik} - \hat{\mu}_i)(r_{jk} - \hat{\mu}_j)}{\hat{\sigma}_i \hat{\sigma}_j} \tag{2.9}$$

其中，r_{ik} 为第 i 项资产的第 k 个观测值，$k = 1, 2, \cdots, m$。

由于大多数金融资产的收益率具有尖峰厚尾的特征，因此可以利用 GARCH(1,1) 模型来刻画资产的收益率，假设：

$$\begin{cases} r_t = \mu_t + a_t \\ a_t = \sigma_t \varepsilon_t \\ \sigma_t^2 = \beta_0 + \beta_1 a_{t-1}^2 + \beta_2 \sigma_{t-1}^2 \end{cases} \tag{2.10}$$

其中，ε_t 是一个独立同分布的随机变量序列，均值为 0，方差为 1，$\beta_0 > 0$，$\beta_1 \geqslant 0$，$\beta_2 \geqslant 0$，$\beta_1 + \beta_2 < 1$，则称 r_t 服从 GARCH(1,1) 模型。可以用 GARCH(1,1) 模型中的 σ_t 作为风险资产的市场风险度量指标。

（二）VaR 方法①

VaR 即 Value at Risk 的简称,其字面意思就是处在风险之中的价值,研究者们常称之为在险价值。它具体的含义是指当市场处于正常的波动时,在给定的置信水平下,估计出未来某一已知时间段内的投资或资本所遭受的最大可能损失。而杰里翁(Jorion,2001)则把 VaR 定义为给定一个置信区间的一个持有期内最坏的预期损失,从统计学的角度表述,VaR 实际上是要回答在概率给定的情况下,银行的投资组合价值在下一个阶段最多可能损失多少。如果我们选择置信水平为 α , r 代表资产(或资产组合)的损失,VaR(α)表示置信水平 α 下的 VaR 值,则 VaR 的数学表达式为:

$$P(r < VaR(\alpha)) = 1 - \alpha \qquad (2.11)$$

VaR 方法可以通过在任意确定的置信度下把不同风险因子以及它们之间相互作用而导致的整体风险表示出来。此种方法较为容易,实用性也较强,因此 VaR 方法已是度量市场风险的最为主流的方法。2001 年,巴塞尔银行监管委员会指定 VaR 作为标准的银行度量风险的工具。

VaR 可以计算单个金融工具的风险,也可以计算事前风险,还可以计算组合的投资风险,具有其他传统风险度量方法所不具备的优势。

首先,VaR 可以事前测量风险,不会像以往风险管理的传统方法那样都是在事后衡量风险的大小;通过测量得到的金融资产的风险大小,随时调整资产组合,从而规避风险,调高资本运作质量②。

其次,风险值 VaR 可以用来测量非线性风险,并涵盖资产组合中

① 张金清:《金融风险管理》(第二版),复旦大学出版社 2011 年版,第 74 页。
② 王宗润:《金融风险测度与集成研究——基于 Copula 理论与方法》,科学出版社 2014 年版,第 25 页。

的各种风险,解决了传统风险度量方法中只适用于风险服从正态分布的问题。

最后,VaR 方法将预期的未来损失的大小和该损失发生的可能性结合起来,不仅可以让投资者知道其发生的可能性,而且可以知道发生损失的规模,方便进行不同的管理。

虽然 VaR 方法已经成为风险测度的一个标准方法,并且具有一些优点,但并不是说该方法就是完美的,事实证明,VaR 方法也存在局限性。

首先,VaR 方法本质上是一种向后看的方法,即对组合未来价值变化的估计是基于历史数据作出的,这就相当于假定了决定组合价值变化的风险因子在未来的发展变化及其相互关系同过去的行为完全一致,这与事实是不相符的。

其次,VaR 仅衡量了一定期限和置信水平下,金融投资组合损失的最大值,而忽视了发生高于风险 VaR 的损失可能。由于没有考虑风险损失分布的尾部信息,无法对极端损失情况进行度量。

再次,基于同样的历史数据,运用不同的方法所计算的结果往往差异较大,这使得对该方法的可靠性产生怀疑。

最后,VaR 不满足一致性公理:不满足单调性、平移不变形、正齐性和次可加性。

VaR 作为一种风险测度,不具备次可加性,即在用 VaR 度量金融风险时,投资组合的风险可能会大于单个资产风险值之和,违背了分散化现象。为了弥补上述缺陷,学者们提出了许多改进方法,其中CVaR 是在 VaR 的基础上进行的改进方法,能更有效、合理地度量风险。

条件在险风险值(CVaR)是指在一定置信水平的前提下,损失超过 VaR 的潜在价值,即超出 VaR 的平均损失。CVaR 又称之为期望亏空(ES,Expected Shortfall),不仅给出了超出可接受损失的那一部分期

望值,而且满足次可加性和凸性,它比 VaR 更能有效度量损失分布的尾部特征,反映损失的潜在风险。其数学表达式为

$$CVaR = E[f(x,r) \mid f(x,r) > VaR_\alpha]$$

$$= VaR_\alpha + E[f(x,r) - VaR_\alpha \mid f(x,r) > VaR_\alpha] \qquad (2.12)$$

其中,$f(x,r)$ 为投资组合的预期损失函数,α 是置信度,从(2.12)式可以看出,在相同置信度下 CVaR 实际上是超出 VaR 的损失的条件期望,因此 CVaR 大于 VaR。

与 VaR 相比,CVaR 存在独特的优势。一方面,在任何情况下,CVaR 具有次可加性、单调性、正齐次性、平移不变性,所以是一种一致性的风险测量指标;另一方面,CVaR 是尾部损失的条件均值,不是损失分布上某个分位数点,只有估计出所有大于 VaR 的损失,才能得到 CVaR。由此可见,利用它度量损失分布的尾部是合理的。

目前对于 VaR 的计算方法主要有方差—协方差方法、历史模拟法、蒙特卡罗模拟法和重要性抽样算法。

1. 方差—协方差方法

方差—协方差方法是最早被应用于计算 VaR 值的方法,因著名的 J.P.摩根公司将此方法应用于其开发的 RiskMetrics 软件而盛行,直到现在仍被广泛应用。方差—协方差方法是一种参数方法,是利用投资组合价值函数与市场因子之间的近似关系和市场因子的特征分布来简化计算的方法。该方法需要对金融资产组合的收益率分布进行假设,且一般假定为正态分布,再根据历史数据计算风险要素收益率分布的参数估计值,进一步得到投资组合的风险值 VaR。

利用方差—协方差方法估计 VaR 值的优势是计算公式简单,只需估计出两个参数即资产组合的相关系数和标准差,就能得到风险值。然而这种方法也有一些缺点:首先,各种风险的线性相关矩阵描述的仅仅是风险之间的线性关系,而没有考虑到风险之间的非线性关系。由

于线性关系低估了风险的相关系数,特别是极值情况下的相关关系,因此方差—协方差方法将会低估商业银行的整体风险。其次,方差—协方差方法虽然容易实施,但是在模型中的正态分布的假设不符合风险损失分布的实际情况,除了市场风险比较接近正态分布外,信用风险和操作风险分布都具有尖峰厚尾的特点,因此难以用方差—协方差方法进行整合风险管理。

2. 历史模拟法

历史模拟法与方差—协方差方法的区别在于:它不需要对风险要素的分布做特定假设,而是直接利用原始的历史数据拟合分布,然后估计出 VaR 值,其暗含了可以在未来重现历史变化的假设。采用该方法计算风险值 VaR 的基本步骤分为三步:(1)确定基本的风险要素,根据风险要素得到资产组合的表达式。(2)将风险要素的历史数据代入表达式中,求得投资组合的损失。(3)将损失按从小到大的顺序排列,确定指定概率所对应的分位数点,即为投资组合的 VaR。

历史模拟法的优势是它是一种最简单的非参数方法。从计算步骤可知:首先,它无需对资产组合收益变化的分布做任何假定,规避了参数估计的风险;其次,它可以较好地处理厚尾和非对称问题,并且概念直观、计算简单,易于被风险管理者和监管当局接受。但该方法也存在缺陷:它不能提供比所观测历史数据更糟糕的极端情况,而且若历史数据太少,VaR 估计值则会出现波动,甚至不准确;并且传统的历史模拟法还不能进行灵敏度分析。

3. 蒙特卡罗模拟法①

蒙特卡罗模拟法在金融方面的最初应用是用来模拟不同情景下确定时期的组合值。该方法与历史模拟法很相似,但也存在一定的

---

①　张金清:《金融风险管理》(第二版),复旦大学出版社 2011 年版,第 94 页。

差异,这种差异性就在于历史模拟法是利用历史数据来直接估计VaR值,而蒙特卡罗模拟法是先得出一个能近似描述风险要素的可能分布或模型,并估计出分布的参数值,然后利用计算机重复模拟产生成千上万个风险要素的随机数值,并使模拟的随机数值包括绝大部分可能的情况,进而能模拟得出投资组合价值整体的可能分布,再根据指定的概率得到VaR。

蒙特卡罗模拟法存在如下优势:首先它的计算过程容易实现。随着计算机的快速发展,该方法已是目前计算VaR最常用的方法;其次,蒙特卡罗模拟法比前两种方法更精准、可靠,能较好地处理比较复杂的违约组合相关性,并且能够根据资产组合的不同分布状况以及各种非线性情形有效地处理这类问题。

蒙特卡罗模拟法也存在如下缺陷:(1)它对特定的随机过程和事先选择的分布太过依赖,导致风险要素间的相关性结构问题不能被很好解决。(2)计算量太大,收敛的速度相对较慢。(3)维数较高时,很难进行传统的抽样技术,从而难以实现蒙特卡罗模拟。

由于存在许多客观和主观因素的影响,在实际应用中,使用上述各种计算方法度量风险值VaR会产生一定偏差。如果偏差过大,模型的准确性和有效性就会受到质疑,从而需要对VaR的有效性进行检验。针对VaR的有效性进行检验的方法主要有库斯特(Kupiec,1995)提出的无条件置信区间检验法(又称失败频率检验法)和克里斯托弗森(Christoffersen,1998)提出的条件置信区间检验法。

首先介绍无条件置信区间检验法,该方法是把实际损失高于VaR时看作失败,而把实际损失小于VaR时视为成功,那么失败与否的观察实际上是一系列独立发生的贝努利试验。于是,检验模型的有效性转化为检验失败的概率是否和特定概率相等。

假设VaR模型的置信水平为$1-c$,显著水平为c,返回检验样本数(考察天数)为T,在T个样本中,失败次数为$N(N \leqslant T)$,由此可得

失败率的估计为 $\hat{p} = \dfrac{N}{T}$，此时，VaR 模型的有效性检验相当于检验失败率 p 是否显著不同于 c。因此原假设为 $p = c$，如果没有显著性差异，就表明我们所测量的 VaR 是有效的，反之则无效。由二项分布可知，N 次失败在 T 个样本中发生的概率是 $(1-p)^{T-N}p^N$。因此，库斯特（Kupiec）提出的基于失败率的似然比率检验统计量为：

$$LR_{uc} = -2\left(\ln\left[(1-p)^{T-N}p^N\right] - \ln\left[\left(1-\frac{N}{T}\right)^{T-N}\left(\frac{N}{T}\right)^N\right]\right) \quad (2.13)$$

在原假设下，$LR_{uc} \sim \chi^2(1)$。在给定的置信度下，通过 LR_{uc} 判断是否拒绝原假设：如果计算得出 LR_{uc} 的值大于卡方统计量的临界值，就拒绝原假设，VaR 无效；反之则有效。

下面介绍条件置信区间检验法，与无条件置信区间检验法相比，似然比率统计量变为：

$$LR_{cc} = -2(\ln\left[(1-p)^{T-N}p^N\right]$$

$$-\ln\left[\left(1-\frac{N_{01}}{N_{01}+N_{00}}\right)^{N_{00}}\left(\frac{N_{01}}{N_{01}+N_{00}}\right)^{N_{01}}\left(1-\frac{N_{11}}{N_{11}+N_{10}}\right)^{N_{10}}\left(\frac{N_{11}}{N_{11}+N_{10}}\right)^{N_{11}}\right])$$

$$(2.14)$$

其中，N_{ij} 表示由状态 i 转移到状态 j 的次数，$i,j = 0,1$（0 表示成功，1 表示失败）。在原假设下，$LR_{cc} \sim \chi^2(2)$。在给定的置信度下，通过 LR_{cc} 判断是否拒绝原假设：如果计算得出 LR_{cc} 的值大于卡方统计量的临界值，就拒绝原假设，VaR 无效；反之则有效。

三、市场风险的实证分析

选用信用风险研究的 14 家样本银行 2008 年 1 月 1 日到 2014 年 12 月 31 日的股票收盘价，根据 $r_t = \ln P_t - \ln P_{t-1}$ 计算样本银行的日对数收益率序列，经过计算共得到观测数据 1590 个。首先对 14 家银行股票对数收益率进行了描述性统计，结果如表 2-2 所示。

表 2-2　14 家样本银行股票对数收益率描述性统计

银行名称	均值	最大值	最小值	标准差	偏度	峰度	J-B 值
北京银行	-1.45×10^{-5}	0.095310	-0.105503	0.023253	-0.029570	6.073249	665.3219
工商银行	-0.000101	0.095791	-0.105361	0.016393	-0.158246	10.79697	4272.648
华夏银行	6.69×10^{-5}	0.095791	-0.105892	0.025898	-0.069263	5.877627	581.3407
建设银行	-2.41×10^{-5}	0.095661	-0.106404	0.017927	0.110044	9.171173	2680.349
交通银行	-0.000265	0.096247	-0.103286	0.020926	0.057028	7.624331	1504.062
民生银行	0.000270	0.096228	-0.105361	0.023124	0.134124	6.588645	909.7606
南京银行	0.000124	0.095904	-0.105439	0.023176	0.134817	6.313381	779.1092
宁波银行	-0.000104	0.095974	-0.105534	0.024563	-0.047476	5.893979	590.0334
平安银行	3.56×10^{-5}	0.095687	-0.105558	0.027170	0.133802	5.694088	494.1454
浦发银行	6.13×10^{-5}	0.095595	-0.105652	0.025720	0.055282	6.340234	783.7188
兴业银行	4.85×10^{-5}	0.095791	-0.105584	0.026505	-0.037807	5.607753	478.1280
招商银行	-0.000198	0.095255	-0.105443	0.023518	0.003425	6.559851	887.0811
中国银行	-6.78×10^{-5}	0.096799	-0.096170	0.015940	0.469085	11.18287	4765.727
中信银行	1.01×10^{-5}	0.096129	-0.104479	0.023708	0.182634	6.337636	791.0053

从描述性统计可以看出,样本银行的对数收益率的均值都比较小,偏度都不等于零,峰度都大于 3。因此序列不服从正态分布,J-B 统计量也体现了这一特征。14 家样本银行的股票对数收益率的趋势图如下,通过对序列的相关性检验,发现样本银行股票对数收益率序列不存在相关性。

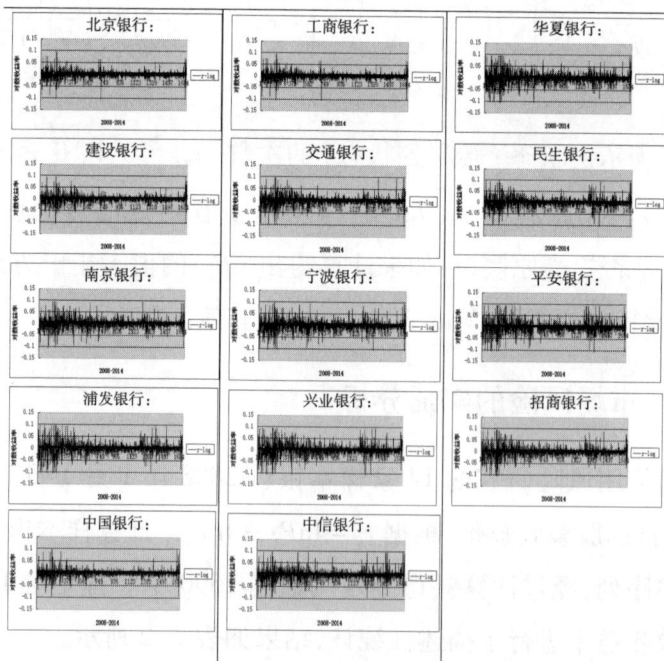

图 2-3　14 家样本银行股票对数收益率趋势图

由于对数收益率序列的特性,所以下面选取收益率减去均值之后的残差绝对值序列作为市场风险的替代变量,而不考虑 GARCH(1,1) 模型。对于残差绝对值序列,首先通过 Q-Q 图对样本银行的市场风险进行拟合。图 2-4 给出了 14 家银行的直方图和 Q-Q 图。

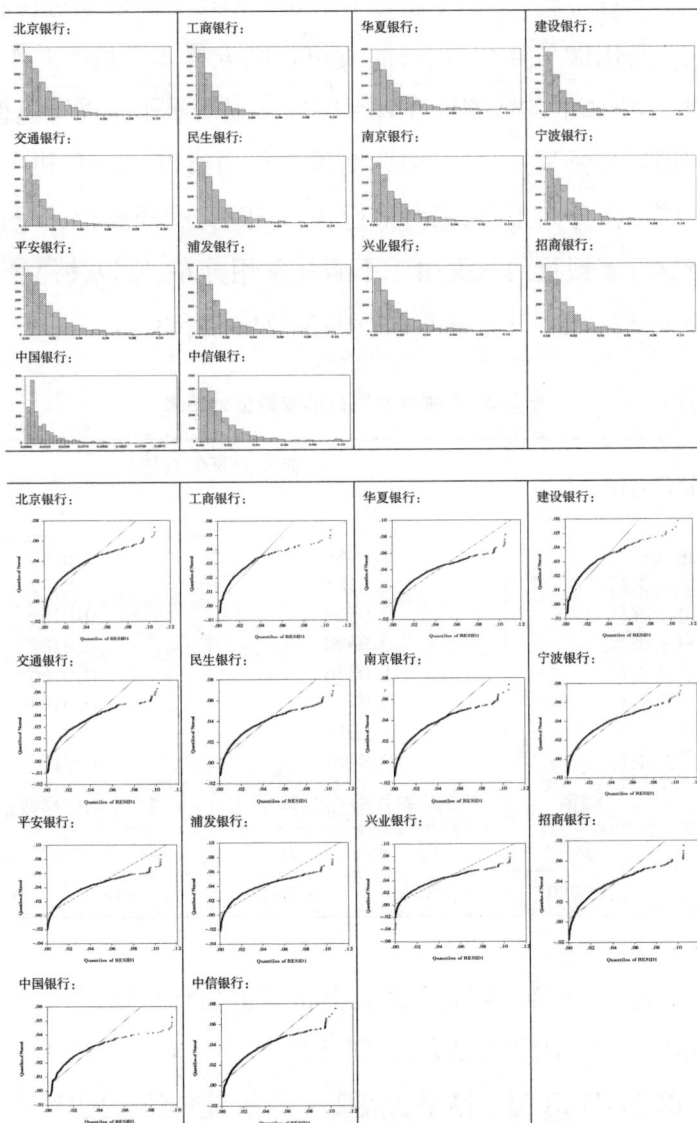

图 2-4 14 家银行市场风险拟合的直方图和 Q-Q 图

通过 Q-Q 图可以看出大多数银行的市场风险服从伽马分布,所以对于市场风险进行 $K-S$ 检验,发现其中北京银行、华夏银行、南京银行、宁波银行、平安银行、兴业银行和招商银行 7 家样本银行的市场风险在 $\alpha = 0.05$ 下可以通过显著性检验,民生银行在 $\alpha = 0.05$ 的显著水平下虽然不能通过检验,但是在显著水平 $\alpha = 0.01$ 下能够通过检验,因此上述 8 家银行用伽马分布拟合;浦发银行则取样本量的 5% 作为超额样本数据,小于阈值的数据段在 $\alpha = 0.05$ 的显著水平下能通过检验,超额样本利用广义帕累托分布,因此浦发银行通过伽马分布和广义帕累托分布的两阶段分布拟合,工商银行、建设银行、交通银行、中国银行和中信银行这五家银行的数据由于不服从常用分布,所以使用经验分布函数。表 2-3 给出了 9 家样本银行的参数估计结果。

表 2-3 9 家样本银行的参数估计结果

银行名称	伽马分布参数估计	
	μ_{opt}	σ
北京银行	0.9989	0.0163
华夏银行	1.0185	0.0177
民生银行	0.9526	0.0166
南京银行	0.9590	0.0167
宁波银行	1.0376	0.0166
平安银行	0.9764	0.0194
兴业银行	1.0011	0.0185
招商银行	0.9493	0.0170

银行名称	阈值	广义帕累托分布参数估计		伽马分布参数估计	
	μ	ξ	β	μ_{opt}	σ
浦发银行	0.0780	−1.3674	0.1447	1.1339	0.0125

根据上述 14 家样本银行利用得到的参数估计结果,利用蒙特卡罗模拟 50000 个市场风险模拟值,分别计算置信度为 95% 和 99% 下市场风险的 VaR 和 CVaR 值。结果如表 2-4 所示,该表同时也给出了用历史模拟法估计的相应置信度下的 VaR 和 CVaR 值,以便于进行比较。

表 2-4　14 家样本银行市场风险 VaR 和 CVaR

银行名称	历史模拟法				蒙特卡罗模拟法			
	VaR		CVaR		VaR		CVaR	
	95%	99%	95%	99%	95%	99%	95%	99%
北京银行	0.04853	0.08498	0.06786	0.09441	0.04896	0.07465	0.06517	0.09059
工商银行	0.03270	0.06446	0.04976	0.08298	—	—	—	—
华夏银行	0.05852	0.09513	0.07694	0.09961	0.05347	0.08126	0.07150	0.09961
建设银行	0.03852	0.06818	0.05646	0.08448	—	—	—	—
交通银行	0.04508	0.08615	0.06349	0.09541	—	—	—	—
民生银行	0.04858	0.08843	0.06928	0.09598	0.04828	0.07412	0.06475	0.09031
南京银行	0.04900	0.09008	0.06801	0.09536	0.04833	0.07305	0.06425	0.08966
宁波银行	0.05464	0.08834	0.07314	0.09653	0.05089	0.07695	0.06773	0.09347
平安银行	0.05893	0.09521	0.08002	0.10070	0.05759	0.08740	0.07675	0.10690
兴业银行	0.05954	0.09493	0.07724	0.10024	0.05558	0.08463	0.07399	0.10193
招商银行	0.05173	0.08863	0.07067	0.09770	0.04924	0.07546	0.06604	0.09205
中国银行	0.03235	0.06147	0.05008	0.08200	—	—	—	—
中信银行	0.05041	0.09496	0.07046	0.09650	—	—	—	—
银行名称	历史模拟法				两阶段分布法			
	VaR		CVaR		VaR		CVaR	
	95%	99%	95%	99%	95%	99%	95%	99%
浦发银行	0.05840	0.09509	0.07884	0.09910	0.06058	0.09522	0.09287	0.09919

　　由上表的结果可以得出,对于伽马分布的市场风险来说,利用历史模拟法得到的 VaR 和 CVaR 值与利用蒙特卡罗模拟法得到的 VaR 和 CVaR 值并不完全相同,而且利用蒙特卡罗模拟法得到的结果比使用历史模拟法得到的结果小。而对于利用两阶段分布法的市场风险来说,结论正好相反,这说明两阶段分布法估计更能刻画风险的厚尾特征。从不同置信度下的结果来看:两种测量方法的结果比较一致,较低的置信度下的 VaR 和 CVaR 值要小于较高置信度下的 VaR 和 CVaR 值,同一置信度下的 CVaR 值比 VaR 值大,95% 置信度下的 CVaR 值比 VaR 值平均大 35% 左右,99% 置信度下的 CVaR 值比 VaR 值平均大 25% 左右。从不同的样本银行来看,风险价值最大的是平安银行,该银行 95% 和 99% 置信度下的 VaR 和 CVaR 值分别为 0.05759、0.08740、0.07675、

0.10690,而风险价值最小的银行是南京银行,该银行 95% 和 99% 置信度下的 VaR 和 CVaR 值分别为 0.04833、0.07305、0.06425、0.08966。

第四节　操作风险及其度量方法

一、操作风险内涵

根据巴塞尔新资本协议,商业银行需要应对的主要风险有市场风险、信用风险和操作风险。其中市场风险和信用风险已经得到充分的关注,但是操作风险的关注和研究还相对滞后。随着金融全球化的发展和商业银行的扩大,管理难度不断提高,如何有效控制各种风险已经成为热门问题。近年来,一系列操作风险损失事件的发生造成了巨大的损失,引起了国内外银行界的广泛关注。

长久以来,人们都把极大的精力和时间投入到市场风险和信用风险上,而且目前对这两种风险的认识研究都较为充分,而对于操作风险重要性的认识却不足。人们在过去相当长时间内并没有对操作风险给以足够的关注,到目前为止人们对操作风险的认识、管理及度量都还处于初级阶段。20 世纪 90 年代以来,以巴林银行和大和银行为代表的银行巨额损失事件多次发生,特别是 2006 年发生在中国广州商业银行的"许霆恶意提款事件",2008 年年初的法国"兴业银行事件"都是因为在操作风险控制方面犯下了幼稚却又致命的错误,以至于出现重大失误。因此,随着巴塞尔新资本协议的颁布,全世界各国都开始了对操作风险进行研究。

对风险进行度量与管理的前提是要明确界定风险,由于操作风险的复杂多样性,学术界、银行业与监管当局对其定义还没有达成共识。目前,较为普遍使用与认可的定义是由巴塞尔委员会于新资本协议中提出的,操作风险是指由于内部程序、人员、系统不完善或运行失当,以及因为外部事件的冲击等导致直接或间接损失的风险,并规定此定义包括法律风险,但不包括战略与声誉风险。此外,英国银行家协会、全球衍生品研究小组、世界银行、J.P Morgan(摩根)、瑞士信贷、苏格兰皇家银行等不同组织,也各自从不同角度对操作风险作出了定义。不同组织关于操作风险的各种定义中,如流程与程序、人员与人员失误、内部控制、外部事件、技术或系统失灵、直接或间接损失等词语成为关键词,这些也基本涵盖了操作风险的内涵。

对操作风险特征的把握是全面认识和科学界定操作风险的基础,也是操作风险计量和管理最根本的依据,因此,操作风险作为金融机构的三大风险之一,除了具备金融风险的共性外,也表现出了自身独有的特点①:(1)操作风险具有异常的复杂性和多样性。早期,人们将信用风险和市场风险的剩余部分视为操作风险,因此,从一开始,操作风险就是一个包含很多风险种类的概念,这使得其具有异常复杂的特点。加拿大帝国银行(CIBC)米歇尔·科罗赫等指出:"银行需要筹集流动性风险、监管风险、人为因素风险、法律风险以及许多其他风险准备资金。这些不同风险常被全部归结在'操作风险'这个词语之下"。操作风险不但种类繁多,而且其包含的各类风险之间具有很强的异质性,汉斯·德瑞克指出,"与操作风险接触和研究得越多和越深,就越能感觉其高深。在银行生活中,几乎所有事情都与操作风险有关。"(2)操作风险是商业银行的内生性风险,主要出自银行内部,存在于银行各项经营管理活动之中。操作风险主要是机构特有的,"银行制造的"和"内部的",依赖于事件前后的关系,涉及多个方面的;较之市场风险和信用风险,操作风险往往不易辨别和不能分散。(3)操作风险主要指下方风险。所谓下方风险,即发生不利影响的可能性。操作风险意味着效益或效率的损失,因此,对操作风险来说一般无法获得相应的风险溢

① 张维、潘建国:《商业银行操作风险建模思路与模型选择研究》,《现代财经》2007年第207期,第4页。

价,很难通过组合技术对操作风险进行定价。(4)操作风险属于非财务性风险。通常来说,市场风险和信用风险都直接与财务结果相关联,而操作风险则大多不直接体现为财务风险,并且对银行造成负面影响可能是间接的、深远的。所以,对操作风险的管理才是真正的全面风险管理。(5)操作风险具有主体性和较强的人为性。操作风险是银行运营或经营的风险,这里的"操作"是一种主体行为,因此,操作风险是一种主体行为风险。操作风险具有主体性,同银行中各层次的人员行为相关,这也就决定了它的人为性,并且由于操作风险主要来源于商业银行的日常运作,而银行的日常运作主要是与人员有关的业务,那么人为因素在风险的成因中有绝对的影响。(6)操作风险具有背景依存性(Context Dependency)。由于操作风险是商业银行内部经营管理活动中产生的风险,风险事件发生的可能性和损失程度会随着情况发展而不同。商业银行的管理活动尤其是风险管理与控制往往是直接针对操作风险的,一般情况下,当操作风险事件发生后,银行会采取相应的管理措施,这样操作风险概率分布就会发生变化。(7)操作风险具有可归因性特点。尽管操作风险种类多、情况复杂,但操作风险一般都能够寻找出准确的风险源。市场风险和信用风险属于外生风险,风险形成的原因往往不易分析和控制,因此组合管理技术可以在概率意义上比较准确地度量。但是操作风险属于内生风险,一般来说可以比较明确地归因。对于大概率低损失的操作风险,其形成的原因一般比较清楚,只是达到对风险的严格控制难度较大,成本较高;同样,对于小概率大损失的操作风险,事前风险诱因的预见可能比较难,但一旦风险形成损失的时候,它的归因也是比较清晰的。

虽然操作风险难以识别,更难以度量控制,但是巴塞尔委员会和中国银行业监督管理委员会(即银监会)却从其便于资本监管为出发点来定义操作风险,提出一种更全面测度操作风险的测量方法,该方法既要便于采用统计、计量等方法测度操作风险,又与监管资本充足率以及风险缓释指标相一致。

二、操作风险度量方法

在 20 世纪 90 年代中后期,对操作风险的研究仅限于定性分析,主要通过业务流程规定和操作手册并配以外部或内部的审计、监察、评估、控制等管理措施进行。这在很大程度上依赖于审计人员、业务管理者或操作风险管理者的知识、经验和操作水平,所以易受到人为因素的干扰,具有较大的主观随意性。

1995 年,邓肯·威尔逊(Duncan Wilson)最早提出对操作风险进行量化研究,他认为操作风险可以像市场风险和信用风险一样应用 VaR 来进行度量,利用数据建立操作风险事件数据库,然后描绘出操作风险的损失分布,从而计算出在一定置信水平下的操作风险 VaR。

1996 年巴塞尔委员会公布了"巴塞尔新资本协议",该协议正式确定了操作风险的概念,介绍了度量操作风险的三种方法,是在度量与控制操作风险方面的最具里程碑意义的标志性文件,所以在此将操作风险度量方法的演进过程分为两个阶段:一是 20 世纪 90 年代中后期之前以定性为主的度量和评估阶段;二是 20 世纪 90 年代中后期之后以定性与定量方法相结合的阶段,在该阶段,较为系统而且认可程度也比较高的量化操作风险的思想和方法相继出现,并逐渐与已有的定性方法相结合。

第一阶段:以定性为主的操作风险方法。主要通过业务流程规定和操作章程并配以严格的内外部审计、监察、评估、控制等管理措施对操作风险进行度量和管理。其中,从操作管理的流程中分离出有关操作风险度量的部分,再将本阶段的操作风险按照复杂程度递增的顺序分为四种度量方法,分别是:一是外部审计监督法,即由外面的审计部门检查本机构的业务流程;二是内部自我评价法,即要求机构的每个单元都对操作风险可能的来源、发生的可能性大小以及严重程度作出各自的主观评价并进行分析汇总;三是风险指示器预测法,即由风险管理部门通过风险指示器发布主观风险预测的方法;四是组合管理法,即视情况将以上三种方法采用不同的组合进行管理的方法。

第二阶段:新巴塞尔协议明确界定了操作风险的度量范围,也明确指出了控制操作风险的详细准则。同时其也为计算资本充足率提出了三类复杂性和风险敏感度依次加强的操作风险度量方法。

(一) 基本指标法[①]

根据基本指标法,银行持有的操作风险资本应相当于银行最近三年中隔年正的总收入加总后的均值乘以一个固定比率(用 α 表示),即:

$$K_{BIA} = GI \times \alpha \tag{2.15}$$

其中,K_{BIA} 为该法计算得到的操作风险资本,GI 为银行最近三年中隔年正的总收入加总后的均值。α 为操作风险敏感系数,是巴塞尔委员会设定的对总收入提取的固定比例,表示为获得单位总收入该机构可能面临的操作风险损失值。一般情况下,巴塞尔委员会根据行业范围的监管资本要求将 α 设定为15%。基本指标法是一种过于简单粗糙的计算方法,无法及时发现、度量、控制操作风险。

(二) 标准法[②]

标准法细分了金融机构所有经营的业务类型并进行了详细的归类,并且分别详细计算了各个业务的单个风险值,最后求和得出总经济资本量。巴塞尔委员会将金融机构的业务分成八种不同的业务类型,即公司金融、交易和销售、零售银行业务、商业银行业务、支付和清算、代理服务、资产管理和零售经纪。同时对八种不同的业务类型给出了不同的风险敏感系数。标准法对于操作风险资本的计算公式为:

$$K_{SA} = \frac{1}{3}\left\{ \sum_{y=1}^{3} \max\left[\sum_{j=1}^{8} (GI_{-y,j} \times \beta_j) , 0\right] \right\} \tag{2.16}$$

[①] 张金清:《金融风险管理》(第二版),复旦大学出版社2011年版,第232页。
[②] 张金清:《金融风险管理》(第二版),复旦大学出版社2011年版,第233页。

其中，K_{SA}表示用该法计算出的操作风险的资本；$GI_{-y,j}$表示八种业务类型中第j种业务类型在过去第y年的总收入，$y=1,2,3$；β_j表示由巴塞尔委员会设定的第j种业务类型的操作风险系数，$j=1,2,\cdots,8$。

此方法虽然考虑到银行不同业务种类面临的风险状况的不同，因而对不同业务项目分配了不同的风险系数β，但是仍然无法及时地发现、度量并控制操作风险。

（三）高级度量法

操作风险的高级度量法与基本指标法和标准法的根本不同在于：高级度量法通过估计操作风险事件所引致的未预期损失来计算操作风险资本。巴塞尔委员会鼓励风险管理水平较高的银行大力开发和使用高级计量法，据相关研究表明，采用标准法计算出的资本量比基本指标法少20%左右，而使用高级计量法计算出的经济资本量比标准法少40%左右。但是这种方法对数据的需求较大，而操作风险低频率高损失数据极为缺乏，这种数据的不足给操作风险建模带来了很大的困难，同时如果以传统的分布无法准确估计操作风险的尾部损失，容易给模型带来较大的误差。目前计算操作风险的高级计量方法有：内部衡量法、损失分布法、极值理论和积分卡方法等。

2001年9月，损失分布法被巴塞尔委员会正式纳入估计操作风险的高级度量法的框架之中。损失分布法假设操作风险导致的损失次数以及损失发生后的损失程度都是随机过程，利用损失次数和损失发生后的损失程度的概率分布估计出操作风险的损失分布，然后计算其VaR的方法。巴塞尔委员会将金融机构的业务分为八种类型，并将每种业务类型又分为七种不同的操作风险损失类型，即内部欺诈、外部欺诈、雇佣及工作现场安全性、客户、产品以及经营行为、有形资产损失、经营中断和系统出错、执行、交割以及交易过程管理。这样就得到了56个风险单元。损失分布法一般按照如下四步进行。

步骤1　设定各风险单元损失次数和损失强度的概率分布模型；

步骤 2 估计各风险单元的操作风险损失分布;

步骤 3 计算各风险单元在一定置信水平下的 VaR;

步骤 4 估计整个金融机构操作风险总体损失分布和 VaR。

以上各种计量方法,对银行业有着重要的借鉴意义,需要根据自身的特点与实际情况,加强操作风险监管的能力。

在操作风险高级计量方法中,损失分布法是对风险敏感性最强的并且最准确的方法,但是这种方法对数据的需求较大,操作风险低频率高强度损失数据极为缺乏,这给操作风险的建模带来了很大的困难。基于此,下面尝试探索一种更为有效的操作风险度量方法——基于Bootstrap-Copula 的操作风险度量模型。将损失事件划分为内部欺诈、外部欺诈、违规执行和系统失败四种类型,对损失频率作出估计,通过蒙特卡罗模拟法模拟出损失频率。

三、基于 Bootstrap-Copula 的操作风险度量模型

损失分布法的构造需要先估计损失频率分布和损失强度分布。损失频率分布通常采用直方图法或者参数法,前者对数据的要求较高,而操作风险的损失数据较少,所以采用参数法更合理。常见的损失频率分布有 Poisson 分布、二项分布、几何分布等,常用的损失强度分布有对数正态分布、Gamma 分布、Bate 分布、Weibull 分布、广义帕累托分布、极值分布等。根据已有研究表明损失频率分布选取的不同对损失缺口的影响不大,而不同的损失强度分布会对损失缺口产生较大影响。因此选取 Poisson 分布来拟合每年操作风险损失事件发生的次数,并利用最大似然估计方法对 Poisson 分布的参数 λ 进行估计。由于操作风险损失的样本数据比较少,直接利用样本对损失强度进行估计会有较大的误差,因此下面利用 Bootstrap 重复抽样解决样本数目较少的问题。

Bootstrap 重复抽样是美国统计学家埃夫隆(Efron)在总结和归纳前人研究成果的基础上提出的基于蒙特卡罗模拟法的样本估计方法,

是对原始样本进行有返回的抽样。在得到第 i 类操作风险损失频率分布后,利用该分布产生损失频率的随机数,然后根据 Bootstrap 重复抽样得到损失强度模拟样本,利用损失样本直接得到该类操作风险的损失缺口,通过重复上述过程,得到充足的模拟样本。对其他类型的操作风险进行同样的处理,得到相同的损失缺口样本,利用得到的各类操作风险的模拟样本对风险间的相关结构进行研究,利用伪最大似然估计方法对 Copula 函数的参数进行估计和检验,并利用蒙特卡罗模拟法来得到操作风险损失缺口的 VaR 和 CVaR,最后对该模型进行返回检验。

四、操作风险的实证分析

我国商业银行的操作风险研究起步较晚,损失事件的数据库不健全,因此采用彭俊(2010)搜集到的数据来研究整个银行业的操作风险,将操作风险划分为四种类型:内部欺诈、外部欺诈、违规执行和系统失败,数据包括 1994—2009 年总共发生的 426 件损失事件,其中,内部欺诈 237 件,外部欺诈 108 件,违规执行 58 件,系统失败 23 件。[①]

假设内部欺诈、外部欺诈、违规执行、系统失败四种损失类型的损失频率服从参数为 λ 的 Poisson 分布,利用 Matlab 软件利用最大似然估计法对其参数进行估计,估计结果如表 2-5 所示。

表 2-5　损失频率分布参数估计结果

	内部欺诈	外部欺诈	违规执行	系统失败
λ	13.9412	6.3529	3.4118	1.3529

以内部欺诈为例,给出 Bootstrap 重复抽样得到损失缺口的模拟样本的步骤。

---

① 彭俊:《基于 Bayes-Copula 方法的商业银行操作风险度量》,中南大学硕士学位论文,2010 年,第 58 页。

步骤 1　生成 1 个符合参数为 $\lambda = 13.9412$ 的 Poisson 分布的频率随机数 j_1；

步骤 2　根据生成的频率随机数利用 Bootstrap 重复抽样抽取 j_1 个损失强度的样本 $X_{11}, X_{12}, \cdots, X_{1j_i}$，将抽取的样本进行简单加总，即可得到一年的内部欺诈操作风险的损失缺口 $S_{11} = X_{11} + X_{12} + \cdots + X_{1j_i}$；

步骤 3　步骤 1 和步骤 2 重复 1000 次，即可得到 1000 个内部欺诈损失缺口样本 $S_{11}, S_{12}, \cdots, S_{1,1000}$。

利用同样的处理方法可以得到外部欺诈、违规执行和系统失败的 1000 个模拟样本。利用得到的四种损失类型的损失缺口模拟样本，分别估计 95% 和 99% 置信度下的 VaR 和 CVaR，结果如表 2-6 所示。

表 2-6　四种操作风险损失缺口的 VaR 和 CVaR

(单位:百万元)

置信度	测度方法	内部欺诈	外部欺诈	违规执行	系统失败
95%	VaR	4058. 01	3073. 38	1871. 615	21. 009
	CVaR	5372. 88917	3861. 816025	2470. 136044	26. 229858
99%	VaR	6603. 248	4487. 802	2941. 18	27. 0697
	CVaR	7915. 427164	4753. 526714	3189. 398444	40. 83277778

从表中数据可以看到 VaR 计算出的结果低估了操作风险损失缺口，而 CVaR 能更准确地反映四类操作风险的尾部损失缺口，并且，随着置信度的提高，99% 置信度下的损失要远大于 95% 置信度下的损失，这恰好反映了操作风险低频率高损失的特点。

如果分别考虑四类操作风险的风险，并将其 VaR 或 CVaR 直接相加作为整个操作风险的 VaR 和 CVaR 会高估风险，因此必须要考虑内部欺诈、外部欺诈、违规执行和系统失败四种损失事件之间的相关性，用 Copula 函数来刻画它们之间的相关关系，并采用蒙特卡罗模拟法来估计整个操作风险的 VaR 或 CVaR。

由于损失缺口样本是模拟得到的，单个类型的操作风险的边际分布不服从常用分布假设,所以用经验分布函数作为损失缺口的边际分布函数,利用伪最大似然估计方法对模拟样本的 Copula 函数进行估计,分别用四元正态 Copula 函数和四元 t-Copula 函数来描述四种操作风险的相关性,则其相关系数矩阵估计结果分别如表 2-7 和表 2-8 所示。

表 2-7　正态 Copula 的相关系数矩阵的最大似然估计

	内部欺诈	外部欺诈	违规执行	系统失败
内部欺诈	1.0000	−0.0138	−0.0063	−0.0277
外部欺诈	−0.0138	1.0000	−0.0106	−0.0277
违规执行	−0.0063	−0.0106	1.0000	−0.0220
系统失败	−0.0277	−0.0277	−0.0220	1.0000

表 2-8　t-Copula 的相关系数矩阵的最大似然估计

	内部欺诈	外部欺诈	违规执行	系统失败
内部欺诈	1.0000	−0.0134	−0.0062	−0.0324
外部欺诈	−0.0134	1.0000	−0.0106	−0.0324
违规执行	−0.0062	−0.0106	1.0000	−0.0224
系统失败	−0.0324	−0.0324	−0.0224	1.0000

上表的估计结果表明,各类操作风险之间存在一定的负相关性。由于操作风险损失数据取自整个银行业,而非单个银行,这就大大降低了各类型风险之间的相关性,导致相关系数偏低。

在确定 Copula 函数的参数后,分别采用 K-S 检验,A-D 检验和最小距离法对其进行检验,检验结果如表 2-9 所示。

表 2-9　两种 Copula 函数的检验结果

Copula 函数	正态 Copula	t-Copula
K-S 值	0.0166	0.0167
A-D 值 d 值	0.2212 0.1416	0.2235 0.1398

由表中的检验结果可以看出,在99%的置信水平下,两种Copula函数均通过了检验,因此可以认为这两种Copula函数都能较好地拟合联合损失分布。

在得到两种Copula函数的参数估计后,利用蒙特卡罗模拟法可以分别得到正态Copula和t-Copula的损失缺口,模拟1000次分别计算其对应的VaR和CVaR,结果如表2-10和表2-11所示。

表2-10 正态Copula模拟得到的操作风险损失

(单位:百万元)

置信度	测度方法	内部欺诈	外部欺诈	违规执行	系统失败
95%	VaR	4087.991	2832.3065	1736.4371	21.009
	CVaR	4992.66948	3544.64297	2417.68591	26.6779768
99%	VaR	5202.462	3965.08	2941.18	28.731
	CVaR	6595.028228	4356.725897	3293.62399	39.8853

表2-11 t-Copula模拟得到的操作风险损失

(单位:百万元)

置信度	测度方法	内部欺诈	外部欺诈	违规执行	系统失败
95%	VaR	4058.01	2918.562	1760.03	21.11884
	CVaR	4823.882782	3569.371312	2319.66228	26.552436
99%	VaR	5064.503	4053.562	2667.3	27.61
	CVaR	6111.84591	4302.54108	2962.797978	38.38027

由表2-10和表2-11可以发现,在置信水平为0.95时,正态Copula和t-Copula所计算出的内部欺诈、外部欺诈、违规执行和系统失败这四类操作风险损失缺口VaR比较接近,说明在低置信水平下,两种Copula所描述的操作风险的相关结构比较一致,差异不大。在置信水平99%时,两种Copula结构模拟得到的单一操作风险存在明显的差异,说明两者在描述操作风险尾部相关性存在差异。

为了定量计算基于Bootstrap-Copula的操作风险度量模型得到的

VaR 的准确性,我们采用返回检验方法,即对 VaR 进行 Kupiec 检验,统计量为 LR ,检验结果如表 2-12 所示。

表 2-12　Kupiec 检验统计量 LR

	置信水平	内部欺诈	外部欺诈	违规执行	系统失败
正态 Copula	95% 99%	0.3287 1.4374	2.8260 1.4374	0.1932 0.4337	0.0212 0
t-Copula	95% 99%	0.5105 4.0910	1.6162 0.3798	0.7885 0.3798	1.0807 0.8306

查表得到临界值为 $\chi^2_{0.95,1} = 3.841$, $\chi^2_{0.99,1} = 6.635$,由于 LR 值均小于卡方统计量的临界值,故接受原假设,认为在 Copula 结构下基于 Bootstrap-Copula 的操作风险度量模型得到的 VaR 有效。

对于操作风险的总损失,下面分别给出不考虑风险间的相关性和利用正态 Copula 和 t-Copula 整合四类损失来计算联合损失分布三种情况下的 VaR 和 CVaR。结果如表 2-13 和表 2-14 所示。

表 2-13　95%置信水平下的 VaR 与 CVaR

(单位:百万元)

置信度 95%	完全不相关	正态 copula	t-Copula
VaR CVaR	5982.981 7439.895426	5830.947 6811.589253	5561.25925 6717.522339

表 2-14　99%置信水平下的 VaR 与 CVaR

(单位:百万元)

置信度 99%	完全不相关	正态 copula	t-Copula
VaR CVaR	8064.5717 9529.338607	7381.138 8135.261989	7245.932 8552.559449

从结果可以看出,在考虑损失类型相关性的情况下,操作风险的总损失缺口要明显小于不考虑相关情况的损失缺口,尤其是在高置信水

平下,这种差异更为明显。这说明不同类型的操作风险之间存在较强的尾部相关性。因此,在实际应用中,考虑操作风险之间的相关性能够更有效地为银行的操作风险监管资本节约成本。

第三章 商业银行的整合风险度量

——基于 14 家上市银行的实证研究

在经济全球化、金融一体化迅猛发展的今天,商业银行面临的风险越来越大,风险涉及的范围越来越广。在这样的背景下,对各种风险分别进行度量和研究的方法已不适于当前的风险管理。当前的风险管理要求将商业银行面临的所有风险放在一起,作出连贯一致、准确和及时的度量,即整合风险管理。本章将对此进行研究。

第一节 整合风险度量的内涵和研究方法

一、整合风险度量的内涵

20 世纪 80 年代以前,商业银行等金融机构单独考虑各个风险因子对于资产组合的影响,开发出信用风险、市场风险、操作风险的管理模型等。20 世纪 80 年代以来,随着金融国际化的发展趋势,使得商业银行的风险特征由独立的单一化向多样化与复杂化发展,风险之间的相关性对银行的风险管理提出了更大的挑战。亚洲金融危机、巴林银行倒闭等一系列危机都进一步昭示:损失不再是由单一风险造成的,而是由交织在一起的不同层次、多种类型的风险因素造成的。在这种现实背景下,全面风险管理的理念应运而生。

全面风险管理(Enterprise-wide Risk Management,ERM)(侯成琪,2008)的概念最早是由美国 COSO 委员会(The Committee of Sponsoring Organizations of the Treadway Commission)在 2003 年公布的《全面风险管理框架》征求意见稿中提出的。巴塞尔银行监管委员会于 2004 年公布的《巴塞尔新资本协议》的修订体现在多个方面,其中很重要的一个方面就是将商业银行的风险管理从以前单纯的信贷风险管理模式转向信用风险、市场风险、操作风险并举,信贷资产与非信贷资产并举,表内业务与表外业务并举,组织流程再造与技术手段创新并举的全面风险管理模式。

米凯什(Mikes,2005)根据全面风险管理的基本理念,提出了金融机构全面风险管理的四种基本模式:筒式风险管理模式(Risk Silo Management)、整合风险管理模式(Integrated Risk Management,IRM)、风险和价值管理模式(Risk and Value Management)以及战略风险管理模式(Strategic Risk Management)。其中整合风险管理的核心内容就是对信用风险、市场风险、操作风险等不同类型的风险进行整合管理,考虑风险之间的相关关系,并以此为基础计算风险组合的风险水平。利用组合分散化原理,在整体层面上降低风险水平,借此降低总风险的准备金,提高资金利用率,增大股东回报率,进而提升了银行的竞争力。而进行整合风险管理的关键问题是建立一个多元分布模型来描述不同类型风险的联合分布。传统的多元分布,如常用的多元正态分布和多元 t 分布等,要求边际分布必须是同类型的一元分布。然而,不同类型的风险往往服从不同类型的边际分布,比如目前常用正态分布来描述市场风险、用 beta 分布来描述信用风险,因此利用传统的多元分布模型,不能有效地解决整合风险管理中不同类型风险的联合分布建模问题。因此,整合风险管理是一种新的风险管理理念与技术,属于风险管理的范畴。

二、整合风险度量的研究方法

按照风险整合的方式不同,一般分为自上而下法(top - down approach)和自下而上法(bottom-up approach)两种分析框架。

所谓自上而下法是在不同类型风险的层面上考虑风险间的相关性,因此,不同类型风险的损益分布可以建立起各自独立的边际密度函数,然后利用 Copula 函数把各类风险的边际损益分布联合起来形成总风险的分布,并计算总风险的 VaR 或 CVaR 值。该方法忽略了相同来源的风险因子间的相关性,在建模上具有很大的灵活性,得到了广泛的应用。然而,这种方法也存在着问题,那就是如何选择正确的、合适的 Copula 函数,尤其是在考虑到有限的数据时。沃德等(Ward 等,2002)使用正态 Copula 整合了一套不同类型的风险,不同类型风险的边际分布也不尽相同,其中假设了信用风险服从 beta 分布。迪马科斯和克雷斯蒂(Dimakos 和 Aas Kjersti,2004)估计了挪威银行人寿保险金的联合损失分布,将联合风险分布分解成各自独立的条件边际分布,总风险等于各自风险的加总,由模拟结果可知,简单加总的风险比基于 Copula 综合评估得出的总风险要高估20%。

而自下而上法则是在风险因子的层面上考虑风险间的相关性,需要从不同类型的风险中识别出共同的风险因子以及其相关性结构,然后模拟出总风险的联合分布,再计算出总风险的 VaR 或 CVaR 值。其对于风险间的相依特征描述得更为合理精确,能体现出风险的来源,但方法复杂,实现难度较大,仍处于进一步研究与探索的阶段。该方法涉及风险因子间的相关性,当资产种类增多时,风险因子间的相关性建模难度非常大;再则,数据的贫乏(如操作风险)导致风险因子的识别与相关参数估算困难。将某种类型的风险因子整合到另一种风险的既定模型中,也是自下而上法的一种分析方法。在市场风险与信用风险整合研究中,将市场风险融合到信用组合模型中,用同一个框架来同时确定总风险,就属于这类方法。特恩布尔(Turnbull,2000)延伸了信用风险的简约模型,将随机利率整合到传统的信用风险模型中。对于固定收入组合,巴恩希尔和麦斯威尔(Barnhill Jr 和 Maxwell,2002)提出了整合市场风险与信用风险的模拟框架。亚历山大和珀齐耶(Alexander 和 Pezier,2003)使用共同风险因子法来描述银行业市场风险与信用风险的联合分布。

目前,我国的金融风险综合评估与整合度量仍处于最初的起步阶段,国内对于金融风险综合评估的研究较少,主要研究对单一风险(市场风险、信用风险和操作风险等)的度量,通过引入 GARCH 模型、极值理论和 Copula 理论等提高风险值方法的度量精度。谢云山(2004)分析了商业银行信用风险与利率风险的相关性问题,为了验证两者的负相关性,用票面利率和持续期分别代表信用风险与利率风险,引用中国与美国数据进行了实证分析;刘小莉(2006)借助宏观计量模型度量信用风险与市场风险的相关性问题;朱霞(2008)在研究信用风险与市场风险度量的基础上,对两者的整合度量进行了初步探索;张金清和李徐(2008)基于最优拟合 Copula 函数的 VaR 方法研究了资产组合的集成风险度量;侯成琪和王频(2008)研究了基于连接函数的信用风险与市场风险的整合度量。

第二节　常用的整合风险度量方法

设商业银行信用风险、市场风险及操作风险的收益率分别 r_c、r_m、r_o,对应的权重分别为 ω_c、ω_m、ω_o,满足 $\omega_c + \omega_m + \omega_o = 1$,则整合收益率为 $r = \omega_c r_c + \omega_m r_m + \omega_o r_o$。假设三种风险的边际分布函数和密度函数分别为 $F_c(x_c)$、$F_m(x_m)$、$F_o(x_o)$、$f_c(x_c)$、$f_m(x_m)$、$f_o(x_o)$,三者的联合分布函数为 $F_{c,m,o}$,联合密度函数为 $f_{c,m,o}$,则可得整合风险收益率 r 的分布函数:

$$F(x) = P\{r \leq x\} = P(\omega_c r_c + \omega_m r_m + \omega_0 r_0 \leq x)$$

$$= \iiint\limits_{\omega_c x_c + \omega_m x_m + \omega_x x_a \leq x} f_{c,m,0}(r_c, r_m, r_o)\, dr_c dr_m dr_o \quad (3.1)$$

从而可得整合收益率 r 的显著水平为 α 的 VaR 为

$$VaR_r(\alpha) = \mu_r + F_{standard}^{-1}(\alpha) \cdot \sigma_r$$

其中，$F_{standard}(x)$ 是将整合收益率标准化后的分布函数，$F^{-1}_{standard}(\alpha)$ 为整合收益率标准化分布的 α 分位点，μ_r、σ_r 分别为整合收益率的均值和标准差。

显然，要对信用风险和市场风险进行整合度量，必须首先知道三种风险的收益率的联合分布，然后根据式子(3.1)才能得到整合收益率的分布函数 $F(x)$ ，从而得到 $F_{standard}(x)$ 和 $F^{-1}_{standard}(\alpha)$ 。但是，三种风险的收益率往往具有不同类型的边际分布，在这种情况下利用传统的多元分布模型对信用收益率和市场收益率的联合分布建模将非常困难。为了规避这个难题，业界提出了以下三种近似的整合风险度量方法。[①]

一、混合 VaR

假设信用风险、市场风险和操作风险的收益率具有相同类型的边际分布，则将三者标准化后的分布函数都为 $F_{standard}(x)$ ，从而混合 VaR（H-VaR）可以表示为：

$$H - VaR_r(\alpha) = \mu_r + F_{standard}^{-1}(\alpha)\,\sigma_r$$
$$= \mu_r + F_{standard}^{-1}(\alpha) \cdot$$
$$\sqrt{\begin{aligned}&\omega_c^2 \cdot \sigma_c^2 + \omega_m^2 \cdot \sigma_m^2 + \omega_o^2 \cdot \sigma_o^2 + 2\omega_c \cdot \omega_m \sigma_{cm} \\ &+ 2\omega_c \cdot \omega_o \sigma_{co} + 2\omega_m \cdot \omega_o \sigma_{mo}\end{aligned}}$$

---

① 侯成琪、王频：《基于连接函数的整合风险度量研究》，《统计研究》2008 年第 11 期，第 73 页。

$$=\mu_r- \sqrt{\begin{aligned} &\omega_c^2 \cdot [VaR_c(\alpha) -\mu_c]^2+\omega_m^2 \cdot [VaR_m(\alpha) -\mu_m]^2+\omega_o^2 \cdot [VaR_o(\alpha) -\mu_o]^2 \\ &+2\omega_c \cdot \omega_m\rho_{c,m}[VaR_c(\alpha) -\mu_c][VaR_m(\alpha) -\mu_m] \\ &+2\omega_c \cdot \omega_o\rho_{c,o}[VaR_c(\alpha) -\mu_c][VaR_o(\alpha) -\mu_o] \\ &+2\omega_m \cdot \omega_o\rho_{m,o}[VaR_m(\alpha) -\mu_m][VaR_o(\alpha) -\mu_o] \end{aligned}}$$

$$(3.2)$$

其中，μ_c 和 σ_c^2 分别是信用风险收益率的均值和方差，μ_m 和 σ_m^2 分别是市场风险收益率的均值和方差，μ_0 和 σ_o^2 分别是操作风险收益率的均值和方差，$\sigma_{c,m}$ 为信用收益率和市场收益率的协方差，$\sigma_{c,o}$ 为信用收益率和操作风险收益率的协方差，$\sigma_{m,o}$ 为操作风险收益率和市场风险收益率的协方差，$\rho_{c,m}$ 为信用风险收益率和市场风险收益率的相关系数，$\rho_{c,o}$ 为信用风险收益率和操作风险收益率的相关系数，$\rho_{m,o}$ 为操作风险收益率和市场风险收益率的相关系数。

二、正态 VaR

假设信用风险风险收益率、市场风险收益率和操作风险收益率服从联合正态分布，及上式中的 $F_{standard}(x)$ 为标准正态分布函数 $\Phi(x)$，则正态 VaR(N-VaR) 为：

$$N - VaR_R(\alpha) = \mu_r + \Phi^{-1}(\alpha) \sigma_r \qquad (3.3)$$

三、可加 VaR

可加 VaR(Add-VaR) 在混合 VaR 的基础上进一步假设信用风险收益率、市场风险收益率和操作风险收益率完全正相关，即 $\rho_{c,m}=\rho_{m,o}=\rho_{o,c}=1$，则：

$$Add - VaR_R(\alpha) = \omega_c VaR_C(\alpha) + \omega_m VaR_m(\alpha) + \omega_o VaR_o(\alpha)$$

$$(3.4)$$

利用该式得到的整合收益率的 VaR 等于信用风险收益率、市场风险收益率和操作风险收益率的 VaR 的加权和。

显然,H-VaR、N-VaR 和 Add-VaR 对这三种风险收益率各自的边际分布和联合分布进行了非常严格的假设。当这些假设与现实不符时,利用这三种近似整合风险度量方法进行整合风险度量可能会存在较大的误差。

第三节　整合风险的 Copula-VaR 方法及分散化效应

一、整合风险的蒙特卡罗模拟[①]

由前面 Copula 函数的定义与相关定理可知,Copula 函数可以连接具有不同分布的边际分布而构成多维联合分布函数。假设信用风险、市场风险和操作风险的连接函数为 C,连接函数的密度函数为 c,则商业银行风险的联合分布函数及概率密度分别为:

$$F(r_c, r_m, r_o) = C(F_c(r_c), F_m(r_m), F_o(r_o)) \tag{3.5}$$

$$f(r_c, r_m, r_o) = c(F_c(r_c), F_m(r_m), F_o(r_o)) f_c(r_c) f_m(r_m) f_o(r_o) \tag{3.6}$$

其中 $c(F_c(r_c), F_m(r_m), F_o(r_o)) = \dfrac{\partial^3 C(F_c(r_c), F_m(r_m), F_o(r_o))}{\partial F_c(r_c) \, \partial F_m(r_m) \, \partial F_o(r_o)}$

则总收益率的分布函数为:

$$F(x) = \iint\limits_{\omega_c x_c + \omega_m x_m + \omega_o x_o \leqslant r} c(F_c(r_c), F_m(r_m), F_o(r_o)) \times$$

$$f_c(r_c) f_m(r_m) f_o(r_o) \, dr_c dr_m dr_o \tag{3.7}$$

因此对应的 VaR 为:

$$VaR(\alpha) = - F^{-1}(\alpha) \tag{3.8}$$

由以上过程可知,要计算商业银行的整合风险价值,首先,需要确

---

①　马丽、权聪娜、李博:《基于 Copula-Monte Carlo 的我国商业银行整合风险度量》,《系统工程》2010 年第 9 期,第 8 页。

定不同类型风险资产的权重;其次,需要确定不同类型风险的边际分布;最后,选取最优拟合的 Copula 连接函数,根据总收益分布函数计算整合风险价值 VaR。

如果能够得到 $F(x)$ 的显性表达式,就可以很容易计算出商业银行的整合风险 VaR,但是为了得出该式的显性表达式,必须经过比较复杂的三重积分,而信用收益率、市场收益率以及操作收益率的边际分布类型一般是不同的,这使求出 $F(x)$ 的显性表达式更加困难,所以很难采用解析方法计算商业银行整合收益率的 VaR。因此,本书利用蒙特卡罗模拟法来计算商业银行整合风险的 VaR。

首先确定商业银行三种风险资产权重 ω_c、ω_m、ω_o,$\omega_c + \omega_m + \omega_o = 1$,然后确定三种风险的边际分布函数分别为 F_c、F_m、F_o,令 $u = F_c$,$v = F_m$,$w = F_o$,确定最优拟合 Copula 函数 $C_{c,m,o}(u,v,w)$,最后采用蒙特卡罗模拟法计算整合风险的 VaR。蒙特卡罗模拟过程如下。

步骤1 生成服从 $C_{c,m,o}(u,v,w)$ 的随机序列 (u_1,u_2,u_3);

步骤2 由 $u = F_c(r_c)$,$v = F_m(r_m)$,$w = F_o(r_o)$,反解求出三种风险的收益率 $r_c = F_c^{-1}(u)$,$r_m = F_m^{-1}(v)$,$r_o = F_o^{-1}(w)$;

步骤3 根据三种风险的权重,得出整合收益率 $r = \omega_c r_c + \omega_m r_m + \omega_o r_o$;

步骤4 重复以上过程获得足够的样本,计算整合收益率样本在一定置信水平下的分位数,即为相应置信度的 VaR 值和 CVaR 值。

二、整合风险的分散化效应[1]

由于 VaR 易于理解、方式直观,而且利用监管机构的监管,因此基于 VaR 模型度量银行的各种风险的方法已经得到国内外银行的认同。

[1] 李建平、丰吉闯、宋浩、蔡晨:《风险相关性下的信用风险、市场风险和操作风险集成度量》,《中国管理科学》2010 第1期,第21页。

风险的分散化效应是全面度量商业银行整体风险的风险相对于完全相关结构下商业银行整体风险的减少的比例,即定义分散化效应 η 为:

$$\eta = \frac{\left[\omega_c VaR(r_c) + \omega_m VaR(r_m) + \omega_o VaR(r_o)\right] - VaR(\omega_c r_c + \omega_m r_m + \omega_o r_o)}{\omega_c VaR(r_c) + \omega_m VaR(r_m) + \omega_o VaR(r_o)}$$

第四节　整合风险的实证分析

对商业银行的整合风险实证分析还是对上一章的 14 家银行在相同时间窗口内的整合风险度量。在上一章中对于市场风险进行了边际分布的刻画,并且利用蒙特卡罗模拟法得到了 14 家样本银行的市场风险的 VaR 和 CVaR 值。对于信用风险,利用信用溢价作为 14 家样本银行的信用风险替代量,给出了信用风险的描述统计,但并没有给出信用风险的分布刻画。对于操作风险,上一章利用损失分布法对整个银行系统的操作风险进行了刻画,但是与整合风险管理中的信用风险、市场风险并不匹配,因此下面首先对信用风险和操作风险进行处理,然后进行整合风险度量。

一、信用风险的 VaR 和 CVaR

对上一章得到的 14 家银行的信用风险的直方图可以看出,信用风险数据难以用常用的分布来刻画,因此用经验分布函数对其进行描述。利用历史模拟法来模拟得到信用溢价的风险价值 VaR 和 CVaR,结果由表 3-1 给出。

表 3-1　14 家样本银行信用风险 VaR 和 CVaR

银行名称	历史模拟法			
	VaR		CVaR	
	95%	99%	95%	99%
北京银行	0.02698	0.03848	0.03520	0.05279
工商银行	0.03408	0.03901	0.03746	0.04439

续表

银行名称	历史模拟法			
	VaR		CVaR	
	95%	99%	95%	99%
华夏银行	0.05442	0.06326	0.06009	0.06891
建设银行	0.07327	0.07458	0.07436	0.07799
交通银行	0.07043	0.07627	0.07369	0.07830
民生银行	0.07513	0.07749	0.07704	0.07951
南京银行	0.07482	0.07933	0.07824	0.08332
宁波银行	0.07569	0.07736	0.07695	0.07819
平安银行	0.06362	0.07512	0.07687	0.07560
浦发银行	0.07515	0.07762	0.07671	0.07756
兴业银行	0.07541	0.07674	0.07608	0.07700
招商银行	0.07528	0.07687	0.07621	0.07724
中国银行	0.06138	0.06839	0.06531	0.07220
中信银行	0.07128	0.07305	0.07220	0.07479

二、操作风险的 VaR 和 CVaR

计算操作风险是采用了更为广泛意义上的操作风险定义,即操作风险包括了国家风险、法律风险、声誉风险,因此,当剔除商业银行面临的信用风险、市场风险、流动性风险后,残差便是操作风险。这样定义的操作风险是利用自上而下的操作风险测度方式,有效回避在当前我国银行业风险损失数据库不健全的实际情况下,解决了难以从企业的经营活动中收集到操作风险损失数据的问题。自上而下测度操作风险的模型主要有收入波动模型和证券因素模型,鉴于后者所需要的数据与信用风险和市场风险模型的部分数据相同,从数据收集的便利性出发,我们采用证券因素模型测度操作风险。证券因素模型的基本思想来源于 Fama-French 的三因素模型,根据以上思路,我们将操作风险用如下的回归模型表示:

$$R_t^B = \alpha + \beta_1 R_t^C + \beta_2 R_t^M + \beta_3 R_t^L + \varepsilon_t \qquad (3.9)$$

表 3-2 操作风险回归方程的参数估计结果①

银行名称	α（t统计量）	β_1（t统计量）	β_2（t统计量）	β_3（t统计量）	$\overline{R}^2$	F统计量
北京银行	0.000208 0.620999	-0.120900 -8.400247	1.121168 44.02888	0.007541 9.761842	0.657426	1061.608
工商银行	1.90E-05 0.070028	-0.088329 -7.444151	0.736053 35.53640	0.005225 8.862123	0.546427	663.3982
华夏银行	0.000339 0.876114	-0.150903 -9.062936	1.261210 43.01098	0.006216 7.352671	0.632683	950.6424
建设银行	0.000511 1.435016	-0.139169 -11.55459	0.904230 42.87792	0.000275 1.669566	0.594225	809.8485
交通银行	6.40E-07 0.002080	-0.140213 -10.60889	1.047330 45.08899	0.005679 7.769486	0.644162	1002.077
民生银行	0.000519 1.572952	-0.151763 -10.72150	1.166491 46.69589	0.006183 7.949576	0.665033	1093.940
南京银行	0.000343 1.011704	-0.113720 -7.722528	1.106487 42.77921	0.007116 9.660176	0.645335	1007.218
宁波银行	0.000165 0.484976	-0.098822 -6.742972	1.146544 44.20622	0.011267 14.07950	0.681227	1182.066
平安银行	0.000416 1.032314	-0.137532 -7.859409	1.311333 43.00708	0.007816 8.386086	0.653480	999.8660
浦发银行	0.000400 1.097295	-0.165624 -10.58602	1.305375 47.37762	0.006034 6.680713	0.669497	1118.504
兴业银行	0.000321 0.846894	-0.173494 -10.65793	1.345214 46.95248	0.006559 7.264979	0.665514	1098.628
招商银行	0.000110 0.334537	-0.149407 -10.55952	1.202181 48.27177	0.004837 5.975370	0.676557	1152.151
中国银行	5.36E-05 0.214254	-0.098104 -9.053625	0.745491 39.25609	0.005181 9.972188	0.590122	796.2235
中信银行	0.000279 0.769463	-0.107887 -6.915979	1.064728 38.49053	0.009155 12.19457	0.613060	875.0510

---

① 回归参数下方对应的是 t 统计量的值，从 t 统计量的值可以判断出所有回归参数在 0.01 显著水平下显著。

其中，R_t^B 是银行在 t 时刻的资产收益率，即股票收盘价的对数收益率；R_t^C 是信用风险变量，用上证国债指数的对数收益率替代；R_t^M 是银行的市场风险变量，用国内的沪深 300 指数的对数收益率替代；R_t^L 是流动性风险变量，即国内股票的日流通股换手率的对数收益率；残差 ε_t 是操作风险引发的商业银行资产价值的变动率的近似替代值；α、β_1、β_2、β_3 是风险暴露系数。鉴于 R_t^B 是股票收盘价的对数收益率，其自身不存在一阶自回归（该部分在市场风险测度部分已证明），观测数据的时间跨度为：2008 年 1 月 1 日—2014 年 12 月 31 日。利用最小二乘估计对上述回归方程进行估计，估计结果如表 3-2 所示。

从表 3-2 中可以看出，回归系数 α、β_1、β_2、β_3 统计量值都大于 0.05 下的临界值，表明参数显著；F 统计量显示，方程总体线性关系显示成立。从调整后的可决系数 $\bar{R}^2$ 值可以看出，被解释部分为 60%—70%，换句话说，综合风险未被解释的部分占比为 30%—40%，这样的比例正是操作风险占综合风险的比例。由以往研究文献的结论显示：我国金融市场上，操作风险占总体风险的比例基本上在 35% 左右，这从侧面上也验证了用上述回归方程来估计操作风险的合理性。

通过上述的回归结果可以得出回归的残差序列，将其取绝对值之后得到的绝对值序列作为操作风险的代理变量。图 3-1 给出 14 家样本银行操作风险序列的直方图以及序列的 $Q-Q$ 图，从直方图上可以看出，操作风险序列呈现出较长的右拖尾现象，具有不对称性，同样 $Q-Q$ 图也体现了操作风险序列的非对性，利用伽马分布密度函数拟合该数据序列，可以看出：12 家银行利用伽马分布都能够很好地拟合，而交通银行和中国银行在前一部分的区域拟合情况良好，但尾部拟合情况不明显，因此采用两阶段分步法拟合操作风险序列。

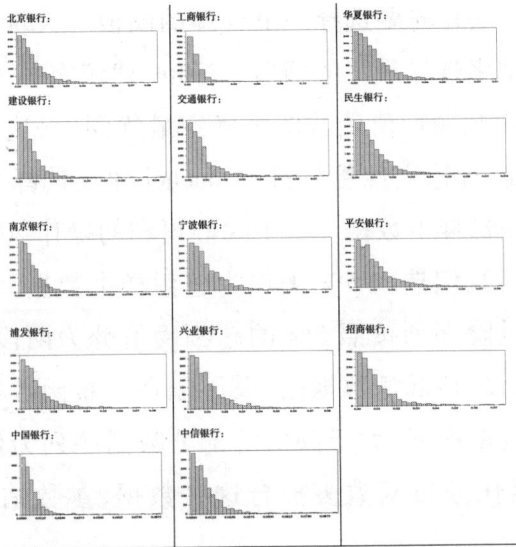

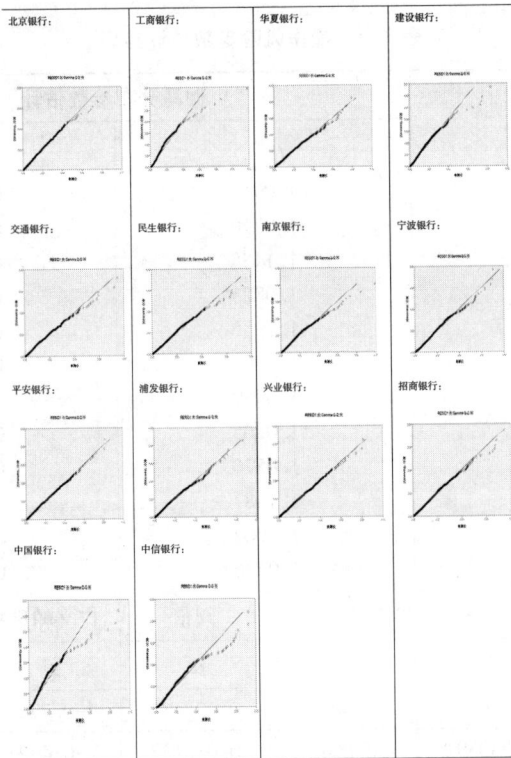

图 3-1　14 家样本银行操作风险序列的直方图以及序列的 Q-Q 图

分阶段分布法首先要选择一个合理的阈值。大量的实证研究是用指数回归模型来选择最优的阈值。Neftci 建议选择 1.65σ 为阈值；McNeil Freg 采用超额均值函数图来确定最优阈值,这种方法比采用 Hill 图更为有效,且稳定性更好;DuMouchel 建议选择样本量的 10% 观测值来作为超额样本数据。鉴于我们得到的操作风险数据的特殊性,且数据量大,我们选取 5% 来作为超额样本数据,将交通银行和中国银行操作风险序列按照 5% 的超额阈值分为两段,小于阈值的部分数据序列为高频低危数据段,采用伽马分布函数来拟合操作风险的高频低危数据序列,大于阈值的部分数据序列为低频高危数据段,用广义帕累托分布函数去拟合这些数据、参数估计结果,如表 3-3 所示。

表 3-3　操作风险参数估计结果

银行名称	伽马分布参数估计	
	μ^{opt}	σ
北京银行	1.0917	0.0089
工商银行	1.0716	0.0068
华夏银行	1.1455	0.0099
建设银行	1.0825	0.0072
民生银行	1.1936	0.0081
南京银行	1.0461	0.0090
宁波银行	1.0959	0.0090
平安银行	1.0865	0.0106
浦发银行	1.0576	0.0097
兴业银行	1.1087	0.0099
招商银行	1.1002	0.0086
中信银行	1.0476	0.0096

银行名称	伽马分布参数估计		阈值	广义帕累托分布参数估计	
	μ^{opt}	σ	μ	ξ	β
交通银行	1.2671	0.0057	0.026437	−0.7733	0.0584
中国银行	1.3039	0.0042	0.018133	−0.4425	0.0423

对上述数据进行 $K-S$ 检验,12 家银行中除了工商银行之外,剩下的 11 家银行则在 $\alpha=0.05$ 显著水平下都能通过检验,而工商银行在 $\alpha=0.05$ 的显著水平下虽然不能通过检验,但是在 $\alpha=0.01$ 显著水平下能够通过检验;交通银行和中国银行小于阈值的数据段在 $\alpha=0.05$ 的显著水平下都能通过检验,因此可以认为:用伽马分布拟合前 12 家银行,用伽马分布和广义帕累托分布的两阶段分步法拟合交通银行和中国银行的方法来估计操作风险的分布是合理的。

操作风险中有 12 家银行是利用伽马分布直接拟合,而另外两家银行则是用两阶段分步拟合,我们采用蒙特卡罗模拟法估计出不同置信度下操作风险的 VaR 和 CVaR 值,估计结果如表 3-4 所示,该表同时也给出了相同置信度下利用历史模拟法估计出的 VaR 和 CVaR 值。

表 3-4　14 家样本银行操作风险 VaR 和 CVaR

银行名称	历史模拟法				蒙特卡罗模拟法			
	VaR		CVaR		VaR		CVaR	
	95%	99%	95%	99%	95%	99%	95%	99%
北京银行	0.02809	0.04241	0.03868	0.05676	0.02790	0.04189	0.03690	0.05084
工商银行	0.02031	0.03774	0.03337	0.05821	0.01937	0.03215	0.02831	0.03884
华夏银行	0.03247	0.05238	0.04487	0.06270	0.03231	0.04772	0.04210	0.05745
建设银行	0.02239	0.04034	0.03412	0.05390	0.02209	0.03405	0.02997	0.04080
民生银行	0.02668	0.04420	0.03835	0.05752	0.02648	0.03944	0.03504	0.04804
南京银行	0.02803	0.05009	0.04205	0.06362	0.02751	0.04210	0.03652	0.05095
宁波银行	0.02749	0.05107	0.04016	0.05826	0.02646	0.04325	0.03782	0.05220
平安银行	0.03392	0.05457	0.04547	0.06323	0.03324	0.05011	0.04387	0.06000
浦发银行	0.03147	0.05347	0.04433	0.06100	0.03008	0.04565	0.04002	0.05543
兴业银行	0.03329	0.04990	0.04336	0.06114	0.03178	0.04742	0.04192	0.05756
招商银行	0.02822	0.04554	0.03876	0.05560	0.02707	0.04130	0.03605	0.05007
中信银行	0.02841	0.06217	0.04428	0.07494	0.02759	0.04554	0.03941	0.05488
银行名称	历史模拟法				两阶段分布法			
	VaR		CVaR		VaR		CVaR	
	95%	99%	95%	99%	95%	99%	95%	99%
交通银行	0.02644	0.04387	0.03723	0.05752	0.02703	0.06149	0.05013	0.06750
中国银行	0.01813	0.03559	0.03082	0.05496	0.02015	0.06029	0.04648	0.07109

对于操作风险来说,有 12 家样本银行是直接利用伽马分布拟合,可以看出,不论是在较高置信度还是较低置信度下,这部分银行利用蒙特卡罗模拟法模拟出的 VaR 和 CVaR 值比利用历史模拟法模拟出的值小。而交通银行和中国银行是利用两阶段分步法拟合,可以看出,不论是在较高置信度还是较低置信度下,这两家银行利用蒙特卡罗模拟法模拟出的 VaR 和 CVaR 值比利用历史模拟法模拟出的值大。而这个结果也与一些主流文献的研究结论一致,这也从另一个方面说明了在通常情况下,操作风险存在较明显的尾部特征,历史模拟法会低估风险。

从不同置信度下的测度结果下看,两种方法的测度结果比较一致。整体来看,在较高置信度下估计的 VaR 和 CVaR 值比较低置信度下估计的结果要大;而同一置信度下估计的 CVaR 值要比 VaR 值大,这与我们前面定义的两种测度方法中,CVaR 的值一定大于 VaR 的结论是一致的。

三、基于 Copula 的商业银行风险整合风险度量

利用前面得到的信用风险、市场风险和操作风险这三种不同类型风险的边际分布,将其转化为服从 $(0,1)$ 区间上的均匀分布并进行 K-S 检验,发现市场风险和操作风险的边际分布在 0.01 显著水平下均接受原假设,服从 $(0,1)$ 均匀分布。同时,对三种风险的边际分布序列进行相关检验分析,表明各序列不存在自相关,满足 Copula 函数对自相关性的要求。

利用半参数估计法对三种风险的 Copula 函数参数进行参数估计,主要有五种 Copula 函数类型,即 Gaussian Copula、t-Copula、Clayton Copula、Gumbel Copula 和 Frank Copula 函数。

表 3-5　五种常用 Copula 函数的参数估计

银行名称	Gaussian			t				Clayton	Gumbel	Frank
	ρ_{12} ①	ρ_{13}	ρ_{23}	ρ_{12}	ρ_{13}	ρ_{23}	υ			
北京银行	-0.0300	-0.0464	0.3901	-0.0300	-0.0426	0.3965	19.4378	0.100	0.1639	39.100
工商银行	0.0198	0.0504	0.3921	0.0137	0.0478	0.3920	20.2580	0.100	0.1636	37.800
华夏银行	-0.0728	-0.0759	0.3840	-0.0729	-0.0797	0.3920	33.7286	0.100	0.1639	39.300
建设银行	0.0771	0.0526	0.3891	0.0744	0.0507	0.3882	66.2838	0.100	0.1636	41.500
交通银行	-0.0293	-0.0326	0.3799	-0.0305	-0.0341	0.3811	39.1733	0.100	0.1639	38.300
民生银行	-0.0564	-0.0444	0.3915	-0.0594	-0.0443	0.3954	29.0282	0.100	0.1639	38.400
南京银行	0.0274	-0.0381	0.3833	0.0308	-0.0352	0.3855	22.0072	0.100	0.1639	39.000
宁波银行	-0.1161	-0.0916	0.3979	-0.1181	-0.0915	0.4024	20.9299	0.100	0.1639	38.500
平安银行	-0.1594	-0.1303	0.4081	-0.1564	-0.1289	0.4181	17.0717	0.100	0.1639	39.700
浦发银行	0.0034	0.0145	0.4058	0.0013	0.0133	0.4046	30.6360	0.110	0.1639	38.100
兴业银行	0.1120	0.1290	0.3936	0.1136	0.1301	0.3988	16.1738	0.200	0.1639	38.300
招商银行	0.0000	0.0165	0.3712	-0.0027	0.0077	0.3719	30.7998	0.100	0.1639	37.900
中国银行	0.0361	0.0146	0.3539	0.0409	0.0215	03499	14.2203	0.100	0.1639	38.100
中信银行	-0.0857	-0.0775	0.4278	-0.0861	-0.0768	0.4294	45.7739	0.100	0.1639	37.900

从表中可以看出,部分样本银行的信用风险与市场风险、信用风险与操作风险之间存在负相关性,部分存在正相关性,而市场风险与操作风险之间都存在正相关性。由上表可以看出,虽然三种风险的相关性较弱,但风险因素之间的相关程度差异较大,而这种特征就是不同类型风险因素之间特有的性质。相对来说,不同样本的相同类型风险的相关性一致,或正或负,而同一类型风险因素之间的相关性则比较强,因此,不同样本的同类型风险之间不存在正负方向相关的情况。

下面对这些 Copula 函数进行拟合优度检验。采用的是欧氏距离法和 K-S 检验方法,以此选出能够进行风险集成度量的 Copula 函数。14 家样本银行中五种 Copula 函数的拟合优度检验结果如表 3-6 所示。

---

① 表中 ρ_{12}、ρ_{13}、ρ_{23} 分别表示信用风险、市场风险和操作风险之间的静态相关系数。

表3-6 五种常用Copula函数的拟合优度检验（欧氏距离和K-S检验）

银行名称	Gaussian		t		Clayton		Gumbel		Frank	
	d	p	d	p	d ①	p	d	p	d	p
北京银行	0.1208	0.8734	0.1102	0.7720	0.3928	0.7993	85.8869	<0.01	31.2470	<0.01
工商银行	0.2020	0.1922	0.1903	0.1922	0.5839	0.4317	97.8950	<0.01	28.6944	<0.01
华夏银行	0.1621	0.2754	0.1581	0.2226	0.3824	0.0405	79.9575	<0.01	33.2493	<0.01
建设银行	0.4015	0.0713	0.3995	0.0852	0.4501	0.3829	88.4954	<0.01	29.4745	<0.01
交通银行	0.3618	0.3384	0.3633	0.3384	0.2402	0.3840	87.1520	<0.01	33.3049	<0.01
民生银行	0.1682	0.4847	0.1615	0.4580	0.3885	0.7148	83.9703	<0.01	30.9403	<0.01
南京银行	0.2846	0.1792	0.2670	0.1019	0.6487	0.1933	96.4539	<0.01	29.4980	<0.01
宁波银行	0.1195	0.4588	0.1127	0.5128	0.2621	0.1106	77.9885	<0.01	77.9889	<0.01
平安银行	0.2418	0.1885	0.2142	0.0975	0.9307	0.0227	75.6039	<0.01	33.9133	<0.01
浦发银行	0.1216	0.4067	0.1181	0.4317	0.4868	0.5117	93.4732	<0.01	29.3388	<0.01
兴业银行	0.1674	0.1011	0.1556	0.0540	1.3676	0.0115	118.039	<0.01	22.2885	<0.01
招商银行	0.2263	0.1004	0.2183	0.1290	0.4264	0.3142	91.0726	<0.01	29.4294	<0.01
中国银行	0.2083	0.0854	0.1899	0.0247	0.4284	0.1787	102.843	<0.01	28.2957	<0.01
中信银行	0.1976	0.7714	0.1941	0.7714	0.3472	0.3825	77.0032	<0.01	77.0684	<0.01

　　由欧氏距离法的拟合优度检验结果可以看出，对14家样本银行的三种风险相关结构的描述中，正态Copula和t-Copula的拟合效果基本一致，Clayton Copula的拟合效果次之，而另外两种函数效果不好。由K-S检验法的结果可以看出，14家样本银行的正态Copula和t-Copula以及Clayton Copula在0.01显著水平下都能通过检验。通过上述结果，我们可以看出在2008—2014年之间，这三种风险之间的相关性是尾部对称的，而由Clayton Copula拟合的结果可知，这种非对称性并不明显。

　　基于Copula函数的整合风险VaR和CVaR度量的主要方法是蒙特卡罗模拟法，表3-7和表3-8分别给出了14家样本银行在正态Copula、t-Copula和Clayton Copula函数下，在不同的置信度下整合风险的VaR和CVaR值。同时也给出了不考虑风险相关性的情况下，14家样本银行整合风险的VaR和CVaR值，结果由表3-8和表3-9给出。

---

　　① d是基于最小距离法的拟合优检验的距离值，p值是K-S检验的概率值。

表 3-7　正态和 t-Copula 函数估计的 VaR 和 CVaR

银行名称	Gaussian				t			
	VaR		CVaR		VaR		CVaR	
	95%	99%	95%	99%	95%	99%	95%	99%
北京银行	0.03011	0.03922	0.03835	0.04944	0.03087	0.04057	0.04130	0.05643
工商银行	0.02898	0.04002	0.03589	0.04874	0.02918	0.04127	0.03682	0.05142
华夏银行	0.03642	0.04575	0.05252	0.06303	0.03687	0.05132	0.04129	0.06578
建设银行	0.05016	0.06050	0.05311	0.06645	0.05079	0.06109	0.05827	0.06879
交通银行	0.05017	0.05779	0.05676	0.06675	0.05119	0.05931	0.05886	0.06822
民生银行	0.05243	0.06197	0.05963	0.07033	0.05362	0.06483	0.06032	0.07156
南京银行	0.05018	0.06774	0.06019	0.07469	0.05166	0.06887	0.06125	0.07761
宁波银行	0.05056	0.06389	0.06129	0.07204	0.05137	0.06748	0.06261	0.07399
平安银行	0.05091	0.06089	0.05882	0.06610	0.05160	0.06264	0.06105	0.06784
浦发银行	0.05561	0.06748	0.06337	0.07142	0.05682	0.07054	0.06497	0.07443
兴业银行	0.05255	0.06414	0.06052	0.07019	0.05375	0.06649	0.06295	0.07192
招商银行	0.05127	0.06214	0.05857	0.06959	0.05314	0.06547	0.06021	0.07157
中国银行	0.03869	0.05140	0.04885	0.06420	0.03997	0.05246	0.04915	0.06591
中信银行	0.05257	0.06523	0.06125	0.07368	0.05373	0.06812	0.06227	0.07508

表 3-8　Clayton Copula 和简单加总估计的 VaR 和 CVaR

银行名称	简单加总				Clayton			
	VaR		CVaR		VaR		CVaR	
	95%	99%	95%	99%	95%	99%	95%	99%
北京银行	0.03149	0.04802	0.04262	0.06072	0.03135	0.04541	0.04149	0.05734
工商银行	0.03017	0.04445	0.03935	0.05694	0.03016	0.04334	0.03779	0.05166
华夏银行	0.04596	0.06202	0.05562	0.06949	0.04587	0.05913	0.05408	0.06699
建设银行	0.05164	0.06312	0.05969	0.07293	0.05081	0.06208	0.05864	0.06935
交通银行	0.05204	0.06398	0.06073	0.07325	0.05199	0.06184	0.05941	0.07082
民生银行	0.05550	0.06627	0.06269	0.07345	0.05470	0.06559	0.06189	0.07199
南京银行	0.05286	0.07228	0.06420	0.07969	0.05140	0.06953	0.06274	0.07686
宁波银行	0.05351	0.06920	0.06307	0.07570	0.05269	0.06822	0.06297	0.07403
平安银行	0.05371	0.06473	0.06435	0.06933	0.05288	0.06373	0.06327	0.06825
浦发银行	0.05863	0.07343	0.06740	0.07709	0.05725	0.07163	0.06571	0.07559
兴业银行	0.05532	0.06913	0.06324	0.07530	0.05381	0.06668	0.06154	0.07337
招商银行	0.05636	0.06946	0.06381	0.07484	0.05516	0.06567	0.06148	0.07231
中国银行	0.04259	0.05625	0.05184	0.06859	0.04104	0.05396	0.05078	0.06639
中信银行	0.05527	0.07115	0.06355	0.07808	0.05412	0.06964	0.06295	0.07613

　　比较正态 Copula、t-Copula 和 Clayton Copula 的测度结果可以看出，14 家样本银行三种 Copula 函数的 VaR 和 CVaR 不论是在较高置信

度下还是较低置信度下，Clayton Copula 的值都比正态 copula 和 t-Copula 的值大，同时 t-Copula 的值比正态 Copula 的值大，说明 Clayton Copula 能够更好地捕捉尾部特征。

比较正态 Copula、t-Copula、Clayton Copula 和简单相加结果可以看到：三种 Copula 的 VaR 和 CVaR 无论是在较高置信度下还是较低置信度下，都比简单加总要小，因此将风险直接加总会高估风险。

比较三种 Copula 函数的 VaR 与混合 VaR，正态 VaR 和可加 VaR 的值，可以看出混合 VaR、正态 VaR 都低估了风险，而三种 Copula 函数测度的 VaR 值都小于可加 VaR 的值。说明把风险因素之间的关系看成完全线性相关时，将会高估样本银行的整体风险，这将不利于银行资本的有效分配和利用。

表3-9   混合 VaR、正态 VaR 和可加 VaR 的计算结果

银行名称	混合 VaR		正态 VaR		可加 VaR	
	95%	99%	95%	99%	95%	99%
北京银行	0.0247	0.0322	0.0240	0.0288	0.03149	0.04802
工商银行	0.0221	0.0264	0.0219	0.0254	0.03017	0.04445
华夏银行	0.0362	0.0423	0.0360	0.0408	0.04596	0.06202
建设银行	0.0324	0.0409	0.0319	0.0377	0.05164	0.06312
交通银行	0.0361	0.0462	0.0344	0.0407	0.05204	0.06398
民生银行	0.0426	0.0493	0.0423	0.0473	0.05550	0.06627
南京银行	0.0383	0.0493	0.0368	0.0437	0.05286	0.07228
宁波银行	0.0366	0.0469	0.0356	0.0422	0.05351	0.06920
平安银行	0.0377	0.0469	0.0372	0.0435	0.05371	0.06473
浦发银行	0.0437	0.0528	0.0425	0.0488	0.05863	0.07343
兴业银行	0.0457	0.0579	0.0431	0.0507	0.05532	0.06913
招商银行	0.0429	0.0511	0.0412	0.0469	0.05636	0.06946
中国银行	0.0295	0.0340	0.0312	0.0353	0.04259	0.05625
中信银行	0.0376	0.0481	0.0354	0.0417	0.05527	0.07115

四、商业银行整合风险分散化效应

表3-10 给出了采用整合风险管理以后 VaR 相对于简单加总的

VaR 降低的比例,即在不同的置信水平和不同的相关结构下,我国各银行业整合风险相对于简单加总情况下整合风险的风险分散化效应。在考虑相关结构的情况下 VaR 有所降低,从表上我们可以看出 VaR 减少介于 0.03%—26.23%,这为银行业提高资本利用率提供了一定的理论依据。

　　在相同的置信水平下,风险之间的相关结构影响风险的分散化效应,各种风险之间的尾部相关性越大,VaR 降低的比例越小,且随着置信水平的增加,风险分散化效应有增加的趋势。

表 3-10　不同结构下风险的分散化效应

银行名称	Gaussian Copula		t-Copula		Clayton Copula	
	95%	99%	95%	99%	95%	99%
北京银行	4.38%	18.33%	1.97%	15.51%	0.44%	5.44%
工商银行	3.94%	9.97%	3.28%	7.15%	0.03%	2.50%
华夏银行	20.75%	26.23%	19.78%	17.25%	0.20%	4.66%
建设银行	2.87%	4.15%	1.65%	3.22%	1.61%	1.65%
交通银行	3.59%	9.68%	1.63%	7.30%	0.10%	3.34%
民生银行	5.53%	6.49%	3.39%	2.17%	1.44%	1.03%
南京银行	5.07%	6.28%	2.27%	4.72%	2.70%	3.80%
宁波银行	5.52%	7.67%	4.00%	2.49%	1.53%	1.42%
平安银行	5.21%	5.93%	3.93%	3.23%	1.55%	1.55%
浦发银行	5.16%	8.10%	3.09%	3.94%	2.35%	2.45%
兴业银行	5.01%	7.22%	2.84%	3.82%	2.73%	3.54%
招商银行	9.03%	10.54%	5.71%	5.74%	2.13%	5.46%
中国银行	9.16%	8.62%	6.15%	6.74%	3.64%	4.07%
中信银行	4.89%	8.32%	2.79%	4.26%	2.08%	2.12%

第四章　商业银行风险的动态管理策略——以信用风险为例

本章通过 Credit Metrics 模型研究信用风险的优化管理。信用风险是指交易对手未能按照契约履行约定而造成经济损失的风险。贷款业务是商业银行传统的资产业务,也是目前为止商业银行最主要的资产业务。在商业银行信用风险管理框架中,贷款组合风险管理是其风险管理的核心内容,它对银行资产保持"流动性、安全性、盈利性",实现银行贷款组合的损失最小化目标至关重要。良好的贷款组合可以使得银行的信贷管理保持在理想水平,控制风险,在竞争中占有优势。由于银行往往同时会收到多个贷款申请项目,如何在有限的贷款额度约束下,选择合适的贷款组合既能够在自身风险控制限度内,又能带来较大的经济效益,是贷款管理中的一个难题。在实际的信贷过程中,银行往往会通过控制单期贷款或者单笔贷款来实现控制总体的贷款风险,然而实际上单期贷款最优并不意味着该笔贷款在整个贷款期限上最优,并且单笔贷款最优也不意味着整个贷款组合总体上最优。这类问题的解决被归纳为基于风险控制的商业银行贷款组合优化模型与方法。本章建立均值–CVaR 的商业银行贷款组合动态优化模型,并运用 Copula 等技术对模型进行分析,旨在探寻贷款组合动态管理的适用模型和方法。

第一节 信用等级转移矩阵

信用风险的变化是一个动态的过程,因此信用风险迁移在信用风险管理研究中尤为必要,随着我国央行对各类企业贷款五级标准的实施及现阶段我国商业银行对几次不良贷款的剥离,使得信用风险迁移越来越受到管理者的重视。国外对信用风险迁移的研究已相当成熟:穆迪公司从1991年开始就针对信用风险迁移做了深入研究,并开发了基于信用风险迁移矩阵的风险管理系统,标准普尔公司也周期性地考察了客户的信用评级以及客户贷款的信用质量迁移情况,并计算出了各个信用等级客户在一年内从初始信用等级转化为另一个信用等级的转移矩阵,该信用等级转移矩阵现在已经被国际众多机构应用。由于我国商业银行引入信用评级的时间不长,相关数据比较缺乏,因此信用等级转移矩阵的研究还处于初级阶段,将信用等级转移矩阵运用于商业银行贷款组合的文献更不多见。现有文献中张程等(2006)基于马尔科夫链的统计特征,在商业银行信用评级体系的基础上,通过统计不同年份信用等级转移矩阵,深入分析了转移矩阵在银行信贷中的影响,并对银行风险管理提出了一些建议;迟国泰等(2006)利用企业收益率的峰度与偏度对企业信用等级转移的阈值进行修正,建立了基于信用等级修正的银行资产组合优化模型,并得出修正后的信用等级阈值,提高了银行贷款组合风险计量的精度。

信用等级转移矩阵是指各类贷款企业在未来的时期里,由当前的信用等级转移到其他各信用等级的概率分布。信用等级转移矩阵反映了贷款企业信用质量发生变化的可能性,对其有效预测已经成为信用风险管理的一个关键性问题。一般假定信用等级转移过程服从一个平稳的马尔科夫过程,即贷款企业下一个时期的信用评级仅仅与其前一时期的信用评级状态有关,与过去前几个时期的信用评级状态无关。

假设企业信用等级有 N 种水平，$x(t)$ 表示 t 时刻贷款企业的信用评级，企业信用评级的一步转移概率为：

$$P_{ij}^{(1)} = P\{x(t+1) = j \mid x(t) = i\}, i,j = 1,2,\cdots,N \qquad (4.1)$$

表示企业在 t 时刻信用状态为 i，$t+1$ 时刻信用状态为 j 的条件概率。记 $P^{(1)} = (P_{ij}^{(1)})_{n \times n}$，称为 $P^{(1)}$ 一步信用转移矩阵。假设信用等级转移过程是一个马氏过程，因此：

$$P_{ij}^{(2)} = P\{x(t+2) = j \mid x(t) = i\}$$

$$= \sum_{k=1}^{n} P\{x(t+1) = k \mid x(t) = i\} P\{x(t+2)$$

$$= j \mid x(t+1) = k, x(t) = i\}$$

$$= \sum_{k=1}^{n} P_{ik}^{(1)} \cdot P_{kj}^{(1)}$$

即 $P^{(2)} = (P^{(1)})^2$，以此类推可得企业信用评级的 k 步转移概率矩阵为 $P^{(k)} = (P^{(1)})^k$。

信用等级转移矩阵评估了各类贷款企业的信用质量变化路径，可以向银行风险管理人员提供信用等级未来预期路径和风险管理的量化资料。通过考虑各类贷款企业的信用转移，不仅能够更加客观地反映银行各类贷款存在的风险，解决现有研究中仅仅考虑各类贷款企业的收益率与方差的大小而忽略企业信用等级转移的问题，而且可帮助银行实现对各类贷款企业整体信用风险迁移的有效监控。

第二节　基于信用等级转移矩阵的
企业贷款收益率和损失率

由于商业银行的信用风险来源于各类企业的贷款，所以假设银行的贷款企业有 n 类，其贷款收益率分别记为 $R_{1,t}, \cdots, R_{n,t}$，其中，$R_{i,t}$ 表示第 i 类企业在第 t 期贷款收益率，企业的收益率是随机变量，并且

$R_{1,t}, \cdots, R_{n,t}$ 是相关的,记 $R_t = (R_{1,t}, R_{2,t}, \cdots, R_{N,t})'$。由于企业的信用等级转移对不同信用等级的企业收益率是有影响的,那么这 n 类企业贷款期限为 t 期贷款调整的收益率为 $\tilde{R}_t = P^{(t)} \cdot R_t$,其中,$P^{(t)}$ 为企业信用等级在 t 期的转移概率,即

$$\tilde{R}_{i,t} = \sum_{j=1}^{N} P_{ij}^{(t)} \cdot R_{j,t}, \quad i = 1, 2, \cdots, n \tag{4.2}$$

由于原始数据是关于调整前各类企业的收益率 R_t,因此利用公式 (4.2) 可以得到调整收益率的数据,且有

$$E(\tilde{R}_{i,t}) = \sum_{j=1}^{N} P_{ij}^{(t)} \cdot \mu_{j,t} \tag{4.3}$$

调整收益率 $\tilde{R}_t$ 的方差为

$$D(\tilde{R}_{i,t}) = (P_{i1}^{(t)}, P_{i2}^{(t)}, \cdots, P_{in}^{(t)}) \begin{pmatrix} \sigma_{1,t} & & & \\ & \sigma_{2,t} & & \\ & & \cdots & \\ & & & \sigma_{n,t} \end{pmatrix} \rho \begin{pmatrix} \sigma_{1,t} & & & \\ & \sigma_{2,t} & & \\ & & \cdots & \\ & & & \sigma_{n,t} \end{pmatrix} \begin{pmatrix} P_{i1}^{(t)} \\ P_{i2}^{(t)} \\ \cdots \\ P_{in}^{(t)} \end{pmatrix} \tag{4.4}$$

其中,$\mu_{i,t}$、$\sigma_{i,t}$ 分别表示第 i 类企业第 t 期贷款收益率 $R_{i,t}$ 的均值与方差。ρ 表示各类企业收益率的相关系数。

由 (4.4) 式可以得到调整收益率的相关系数

$$\tilde{\rho}_{i,j}^{(t)} = \frac{(P_{i1}^{(t)}, P_{i2}^{(t)}, \cdots, P_{in}^{(t)}) \begin{pmatrix} \sigma_{1,t} & & & \\ & \sigma_{2,t} & & \\ & & \cdots & \\ & & & \sigma_{n,t} \end{pmatrix} \rho \begin{pmatrix} \sigma_{1,t} & & & \\ & \sigma_{2,t} & & \\ & & \cdots & \\ & & & \sigma_{n,t} \end{pmatrix} \begin{pmatrix} P_{j1}^{(t)} \\ P_{j2}^{(t)} \\ \cdots \\ P_{jn}^{(t)} \end{pmatrix}}{\sqrt{D(\tilde{R}_{i,t}) \cdot D(\tilde{R}_{j,t})}} \tag{4.5}$$

对于企业贷款而言,银行关注更多的是贷款损失,所以定义第 i 类企业第 t 期贷款调整的损失率为:

$$\tilde{S}_{i,t} = a - \tilde{R}_{i,t} \tag{4.6}$$

其中, a 为银行规定的一个数值,则由公式(4.2)-(4.5)可以得到银行各笔贷款的调整损失率数据,利用计算得到的调整损失率可以拟合各类贷款企业各期的调整损失率的边际分布和联合分布,下面用 Copula 函数描述各类贷款企业间的相关结构。

第三节　动态均值-CVaR 优化模型

一、贷款组合的损失函数

银行的收益来源于两种资产:一种是无风险资产(例如银行准备金、银行备付金等),其不具有随机性,设有 m 种,收益率分别为 r_1, $r_2, \cdots, r_m$;另一类是发放给企业的贷款,对应 t 期贷款的收益率为 $R_{1,t}$, $R_{2,t}, \cdots, R_{n,t}$,且各类企业 t 期贷款的调整收益率为 $\tilde{R}_{1,t}, \tilde{R}_{2,t}, \cdots, \tilde{R}_{n,t}$ 。设银行第 t 期在这两类资产上投资的权重分别为 $w_{1,t}, w_{2,t}, \cdots, w_{m,t}$ 和 $x_{1,t}, x_{2,t}, \cdots, x_{n,t}$,则第 t 期贷款组合的收益函数为:

$$Z_t = \sum_{i=1}^{m} w_{i,t} r_i + \sum_{k=1}^{n} x_{k,t} \tilde{R}_{k,t} \tag{4.7}$$

第 t 期贷款组合的损失函数为:

$$
\begin{aligned}
H_t &= \sum_{i=1}^{m} w_{i,t}(a - r_i) + \sum_{k=1}^{n} x_{k,t} \tilde{S}_{k,t} \\
&= \sum_{i=1}^{m} (w_{i,t}^{*} + w_{i,t+1})(a - r_i) + \\
&\quad \sum_{k=1}^{n} (x_{k,t}^{*} + x_{k,t+1}) \tilde{S}_{k,t}
\end{aligned}
\tag{4.8}
$$

其中，$w_{i,t} = w_{i,t}^* + w_{i,t+1}$；$x_{k,t} = x_{k,t}^* + x_{k,t+1}$，$w_{i,t}^*$表示第$i$类无风险资产第$t$期分配权重变化量，$x_{k,t}^*$表示第$k$类企业第$t$期贷款分配权重变化量。

二、带约束条件的优化模型

均值–CVaR 模型的目标函数为贷款组合损失的最小 CVaR，因此首先给出损失函数 CVaR 的计算。由于调整损失率的 $\tilde{S}_{1,t}, \tilde{S}_{2,t}, \cdots,$ $\tilde{S}_{n,t}$ 是随机的，所以假设其联合分布服从给定的 Copula 函数 $C(y_{1,t}, y_{2,t}, \cdots, y_{n,t})$，则第$t$期贷款组合的损失函数为 $H_t(x, y_{1,t}, y_{2,t}, \cdots, y_{n,t})$，其中，$x \in R^n$ 表示控制变量，$y \in R^n$ 表示随机变量。那么该组合第t期的 VaR 为：

$$VaR_\alpha(H_t) = \min\{r \in R : P\{H_t(x, y_{1,t}, y_{2,t}, \cdots, y_{n,t}) \leqslant r\} \geqslant \alpha\}$$

(4.9)

其中，α 为置信度，由 VaR 的定义可以看出，VaR 仅仅给出了在一定的置信度下损失的最大可能值，并没有充分利用损失的尾部分布信息，所以用 CVaR 来替代 VaR 度量贷款组合的风险，即：

$$CVaR_\alpha(H_t) = E[H_t(x, y_{1,t}, y_{2,t}, \cdots, y_{n,t}) \mid H_t(x, y_{1,t}, y_{2,t}, \cdots, y_{n,t}) \geqslant VaR_\alpha(H_t)]$$ (4.10)

那么贷款组合的目标函数为：

$$\min CVaR_\alpha(H_t) = \min CVaR_\alpha\Big(\sum_{i=1}^m w_{i,t}(a - r_i) + \sum_{k=1}^n x_{k,t}\tilde{S}_{k,t}\Big)$$

(4.11)

利用(4.11)式计算 $CVaR(H_t)$ 并不容易，可以利用洛克菲勒和乌拉耶夫（Rockafeller 和 Uryasev，2000）中构造辅助函数并用离散化的方法计算 CVaR 的表达式。令：

$$F_\alpha(H_t) = \beta + \frac{1}{1-\alpha}\int_{y_{1,t}, y_{2,t}, \cdots, y_{n,t} \in R^n}(H_t(x, y_{1,t}, y_{2,t}, \cdots, y_{n,t}) - \alpha)^+$$

$$dC(y_1, y_2, \cdots, y_n) \tag{4.12}$$

其中，$F_\alpha(H_t)$ 是用来代替 $CVaR_\alpha(H_t)$ 的函数，β 是 $VaR_\alpha(H_t)$ 的函数，通过最小化函数 $F_\alpha(H_t)$ 能够得到 $CVaR_\alpha(H_t)$ 的最优解，同时得到 $VaR_\alpha(H_t)$ 的值。由于（4.11）式难以计算，所以通过离散化的方法计算 $F_\alpha(H_t)$。假设有 J 种情况发生，且每种情况出现的概率为 $\dfrac{1}{J}$，则 (4.12) 式等价于：

$$F_\alpha(H_t) = \beta + \frac{1}{(1-\alpha)J} \sum_{j=1}^{J} (f(x, y_{1j}^{(t)}, y_{2j}^{(t)}, \cdots, y_{nj}^{(t)}) - \beta)^+$$

$$\tag{4.13}$$

因此 $\min CVaR_\alpha(H_t)$ 等价于 $\min F_\alpha(H_t)$，则问题（4.11）等价于：

$$\min CVaR_\alpha(H_t) = \min \left[\beta + \frac{1}{(1-\alpha)J} \sum_{j=1}^{J} (H_t - \beta)^+ \right], \ j = 1, 2, \cdots, J$$

$$\tag{4.14}$$

对于问题（4.14）可以通过如下线性规划问题求解：

$$\min CVaR_\alpha(H_t) = \min \left[\beta + \frac{1}{(1-\alpha)J} \sum_{j=1}^{J} N_{j,t} \right]$$

$$\tag{4.15}$$

$$N_{j,t} = H_{j,t} - \beta \geqslant 0$$

其中，β 为 VaR 的函数，α 为置信度，J 为模拟次数，$H_{j,t}$ 为第 j 次模拟的损失函数。因此模型的目标函数为：

$$\min CVaR(H_t) = \min \left[\beta + \frac{1}{(1-\alpha)J} \sum_{j=1}^{J} N_{j,t} \right]$$

$$N_{j,t} = H_{j,t} - \beta \geqslant 0$$

$$H_t = \sum_{i=1}^{m} (w_{i,t+1} + w_{i,t}^*)(a - r_i) + \sum_{k=1}^{n} (x_{k,t+1} + x_{k,t}^*) \tilde{S}_{k,t}$$

$$\tag{4.16}$$

在该优化模型中，能够使得商业银行无风险资产和风险资产的综合损失最小化。

商业银行是企业,盈利是其目标,因此在控制风险的同时希望保证一定的收益。因此用商业银行的期望收益作为对银行收益的约束,即

$$EZ = \sum_{i=1}^{m} (w_{i,t+1} + w_{i,t}^*) r_i + \sum_{k=1}^{n} (x_{k,t+1} + x_{k,t}^*) E(\tilde{R}_{k,t}) \geq \delta \quad (4.17)$$

其中,δ 为常数。

为了保证银行经营的合法性及合规性,避免银行资产配置产生流动性危机,因此在约束条件中引入现行的法律法规来控制贷款组合的风险。这些法律法规约束主要有:

存贷款比重:

$$\sum_{k=1}^{n} (x_{k,t+1} + x_{k,t}^*) \leq 75\% \quad (4.18)$$

备付金比重:

$$w_{1,t+1} + w_{1,t}^* + w_{4,t+1} + w_{4,t}^* \geq 5\% \sum_{k=1}^{n} (x_{k,t+1} + x_{k,t}^*) \quad (4.19)$$

拆出资金比重:

$$w_{5,t+1} + w_{5,t}^* + w_{6,t+1} + w_{6,t}^* \leq 8\% \Big(1 - \sum_{i=2}^{4} (w_{i,t+1} + w_{i,t}^*) \Big)$$

$$(4.20)$$

法定存款准备金:

$$w_{2,t+1} + w_{2,t}^* = 6\% \quad (4.21)$$

系统内存款准备金:

$$w_{3,t+1} + w_{3,t}^* = 7\% \quad (4.22)$$

库存现金比重:

$$0.06\% \leq w_{1,t+1} + w_{1,t}^* \leq 1.5\% \quad (4.23)$$

在经营过程中,商业银行的贷款结构也受到一定的限额约束,满足以下约束条件:

$$0 \leqslant x_{k,t+1} + x_{k,t}^* \leqslant 0.2, \ k = 1,2,\cdots,n \tag{4.24}$$

也就是说 0.2 为某商业银行规定的对各类企业贷款的最高比重。

此外,商业银行要求对各类资产配置的比重和为 1,且各类贷款比重非负,即:

$$\sum_{i=1}^{m} (w_{i,t+1} + w_{i,t}^*) + \sum_{k=1}^{n} (x_{k,t+1} + x_{k,t}^*) = 1 \tag{4.25}$$

$$0 \leqslant w_{i,t+1} + w_{i,t}^* \leqslant 1 \tag{4.26}$$

则贷款组合均值-CVaR 动态优化模型为:

$$\min CVaR(H_t) = \min \left[\beta + \frac{1}{(1-\alpha) J} \sum_{j=1}^{J} N_{j,t} \right]$$

$$s.t. \quad N_{j,t} = H_{j,t} - \beta \geqslant 0, \ j = 1,2,\cdots,J$$

$$H_t = \sum_{i=1}^{m} (w_{i,t+1} + w_{i,t}^*)(a - r_i) + \sum_{k=1}^{n} (x_{k,t+1} + x_{k,t}^*) \tilde{S}_{k,t}$$

$$i = 1,2,\cdots,m \qquad k = 1,2,\cdots,n$$

$$\tag{4.27}$$

$$\sum_{i=1}^{m} (w_{i,t+1} + w_{i,t}^*) r_i + \sum_{k=1}^{n} (x_{k,t+1} + x_{k,t}^*) E(\tilde{R}_{k,t}) \geqslant \delta$$

$w_{i,t+1}, w_{i,t}^*$ 和 $x_{k,t+1}, x_{k,t}^*$ 满足条件(4.17)—(4.27)。

第四节　实证分析

一、数据分析

假定各类贷款企业的信用等级转移概率遵循马尔科夫过程,即贷款企业下一时期的信用评级状态仅仅取决于其前一期的信用评级状态,采用 J.P.Morgan 计算得到的 1 年期转移矩阵 $P_{k,j}$。

表4-1　1年期转移概率矩阵 P_{kj}（%）①

最初等级 k	1年后可能的等级（序号 j）							
	AAA(1)	AA(2)	A(3)	BBB(4)	BB(5)	B(6)	CCC(7)	违约(8)
AAA(1)	90.81	8.33	0.68	0.12	0.00	0.00	0.00	0.00
AA(2)	0.70	90.65	7.79	0.64	0.06	0.14	0.02	0.00
A(3)	0.09	2.27	91.05	5.52	0.74	0.26	0.01	0.06
BBB(4)	0.02	0.33	5.95	86.93	5.30	1.17	0.12	0.18
BB(5)	0.03	0.14	0.67	7.73	80.53	8.84	1.00	1.06
B(6)	0.00	0.11	0.24	0.43	6.48	83.46	4.07	5.21
CCC(7)	0.22	0.00	0.22	1.30	2.38	11.24	64.86	19.78
违约(8)	0.00	0.00	0.00	0.00	0.00	0.00	0.00	100

　　由于企业贷款数据极难获得,所以本书数据参考已发表的一些相关文献。贷款企业的收益率以及无风险资产利率的数据来源于洪忠诚等(2009),其中不同等级贷款的收益率见文献中表1,无风险资产利率见表3。各类贷款企业年收益率的期望与标准差以及各类企业贷款收益率的相关系数参阅许文等(2006)文献中的表7和表5。假设银行拟对7类企业进行贷款,其贷款企业的基本情况如下:

表4-2　贷款企业基本情况

企业类别(k)	1	2	3	4	5	6	7
信用等级(i)	AAA	AA	A	BBB	BB	B	CCC
贷款期限(t/年)	3	2	5	4	4	4	2

　　利用各类贷款企业年收益率与标准差及公式(4.3)、(4.4)可以计算得到各类贷款企业调整收益率的期望和标准差。

---

　　① 表4-1中最后一列并不是 J.P.Morgan 公司计算得到的,而是本书为了方便计算添加上去的。

表4-3　各类贷款企业调整收益率的期望和标准差

企业类型		1	2	3	4	5	6	7
第1年	$E(\tilde{R}_{k,1})/\%$	3.65	3.56	3.46	2.81	1.87	0.68	-6.23
	$\tilde{\sigma}/10^{-4}$	8.2019	9.2029	32.6040	21.1594	13.6447	9.0581	19.6234
第2年	$E(\tilde{R}_{k,2})/\%$	5.9	5.26	4.03	3.6	2.18	0.33	-6.09
	$\tilde{\sigma}/10^{-4}$	11.3079	15.3562	38.600	17.3503	14.4851	9.0539	15.8765
第3年	$E(\tilde{R}_{k,3})/\%$	4.75	0	4.73	4.06	2.71	1.27	0
	$\tilde{\sigma}/10^{-4}$	8.4385	0	22.804	9.6993	11.7325	13.8035	0
第4年	$E(\tilde{R}_{k,4})/\%$	0	0	7.09	6.2	3.07	0.05	0
	$\tilde{\sigma}/10^{-4}$	0	0	19.589	13.1500	11.9870	9.9704	0
第5年	$E(\tilde{R}_{k,5})/\%$	0	0	5.62	0	0	0	0
	$\tilde{\sigma}/10^{-4}$	0	0	15.100	0	0	0	0

　　理论上计算得到的第一类企业第4年和第5年调整收益率的期望和标准差不为0,是由于第1类企业仅贷款三年,故第4、5年调整收益率的期望和标准差记为0。同理第2、7类企业第3、4、5年调整收益率的期望和标准差记为0,第4、5、6类企业第5年调整收益率的期望和标准差记为0。

　　利用迟国泰等(2007)中各类企业贷款收益率的相关系数表7和各类企业贷款年收益率的标准差表9以及公式(4.5)计算调整的收益率相关系数。当$t=1$时,$(P_{i1}^{(1)},P_{i2}^{(1)},\cdots,P_{i7}^{(1)})$为本书表4-1中对应信用等级为$i$所在行$(\sigma_{1,1},\sigma_{2,1},\cdots,\sigma_{7,1})'$为亚历山大和珀齐耶(Alexander 和 Pezier,2003)中表9的第1年中的第二列,并将其变为7×7的矩阵,ρ为亚历山大和珀齐耶(Alexander 和 Pezier,2003)中表7,$(P_{j1}^{(1)},P_{j2}^{(1)},\cdots,P_{j7}^{(1)})'$为本书表4-1中对应对应信用等级$j$所在行,并将行向量转化为列向量,$D(\tilde{R}_{i,1})$、$D(\tilde{R}_{j,1})$为本书表4-3第1年中

第二行对应的数据,当 $i=AAA$, $j=AA$ 时,表示在 $t=1$ 时第 1 类企业与第二类企业调整收益率的相关系数 $\tilde{\rho}_{ij}$ 也即是表 4-4 中的 $\tilde{\rho}_{12}=0.3701$,其余的以此类推计算出表 4-4 中相应的结果,其他各时期的各类企业调整收益率的相关系数也是这样计算得到的,不过要注意信用转移矩阵的 P_{kj} 的变化。本书仅列出了 $t=1$ 时的 7 类企业调整收益率的相关系数。

表 4-4　7 类企业调整收益率的相关系数($t=1$)

企业类别	1	2	3	4	5	6	7
1	1	0.3701	0.2991	0.3063	0.4467	0.5849	0.3437
2	0.3701	1	0.4695	0.0976	0.3599	0.1028	0.6339
3	0.2991	0.4695	1	0.5264	0.2798	0.139	0.4878
4	0.3063	0.0976	0.5264	1	0.664	0.246	0.4247
5	0.4467	0.3599	0.2798	0.664	1	0.4054	0.6604
6	0.5849	0.1028	0.139	0.246	0.4054	1	0.4822
7	0.3437	0.6339	0.4878	0.4247	0.6604	0.4822	1

其余各时期 7 类企业调整收益率的相关系数可以依照上述方法求解得到。

由不同等级贷款的收益率和表 4-1 及公式(4.2),可计算得到不同信用等级贷款的调整收益率。

表 4-5　不同信用等级贷款的调整收益率 $\tilde{R}_{i,t}$(%)

信用等级 i	$t=1$	$t=2$	$t=3$	$t=4$	$t=5$	违约
AAA(1)	3.6	5.81	6.00	9.12	10.52	−22
AA(2)	3.64	5.34	5.66	8.54	9.03	−23
A(3)	3.61	4.12	4.92	7.75	7.99	−43
BBB(4)	2.95	3.67	4.05	6.28	6.65	−47
BB(5)	1.9	2.28	2.4	2.54	2.86	−58

信用等级 i	t=1	t=2	t=3	t=4	t=5	违约
B(6)	0.75	0.4	0.17	−15.3	−1.7	−65
CCC(7)	−6.25	−6.01	−4.33	−4.24	−34.9	−83
违约	0	0	0	0	0	0

假定公式(4.6)中 $a = 11.36\%$,取不同信用等级贷款收益率中的最大值,可得到调整的不同信用等级的贷款损失率。利用相关的数学变换可得出各类贷款年调整损失率的相关系数、期望值与标准差。

表4-6 各类贷款企业年调整损失率的期望值与标准差

企业类型		1	2	3	4	5	6	7
第1年	$E(\tilde{S}_{k,1})/\%$	7.71	7.8	7.9	8.55	9.49	10.68	17.59
	$\tilde{\sigma}_S/10^{-4}$	8.2019	9.2029	32.6040	21.1594	13.6447	9.0581	19.6234
第2年	$E(\tilde{S}_{k,2})/\%$	5.46	6.1	7.33	7.76	9.18	11.03	17.45
	$\tilde{\sigma}_S/10^{-4}$	11.3079	15.3562	38.600	17.3503	14.4851	9.0539	15.8765
第3年	$E(\tilde{S}_{k,3})/\%$	6.61	0	6.63	7.3	8.65	10.09	0
	$\tilde{\sigma}_S/10^{-4}$	8.4385	0	22.804	9.6993	11.7325	13.8035	0
第4年	$E(\tilde{S}_{k,4})/\%$	0	0	4.27	5.16	8.29	11.31	0
	$\tilde{\sigma}_S/10^{-4}$	0	0	19.589	13.1500	11.9870	9.9704	0
第5年	$E(\tilde{S}_{k,5})/\%$	0	0	5.74	0	0	0	0
	$\tilde{\sigma}_S/10^{-4}$	0	0	15.100	0	0	0	0

考虑到各类贷款企业年损失率具有"尖峰、厚尾"的特征,因此采用自由度为5的t-Copula函数描述这7类不同类型贷款企业年损失率之间的相关结构。一般认为各贷款企业损失率的边际分布服从beta分布,所以假定7类贷款企业调整的年损失率服从beta分布,调整损

失率 $\tilde{S}$ 的概率密度函数为

$$b(\tilde{S}) = \frac{\Gamma(\alpha+\beta)}{\Gamma(\alpha)\Gamma(\beta)} \tilde{S}^{\alpha-1}(1-\tilde{S})^{\beta-1} \quad 0 < \tilde{S} < 1$$

其中，$\Gamma(\alpha) = \int_0^\infty t^{\alpha-1}e^{-t}dt$，$\alpha > 0$。beta 分布是由参数 α 和 β 决定，可以通过调整损失率 $\tilde{S}$ 的期望 $E(\tilde{S})$ 和标准差 $\tilde{\sigma}_s$，利用矩阵估计的方法得到，即

$$\alpha = (1 - E(\tilde{S}))(\frac{E(\tilde{S})}{\tilde{\sigma}_s})^2 - E(\tilde{S}) \tag{4.28}$$

$$\beta = \frac{\alpha}{E(\tilde{S})} - \alpha \tag{4.29}$$

各类贷款企业各时期调整损失率 beta 分布的参数 α 和 β 值见表 4-7。

表4-7　各类贷款企业调整损失率的 α 和 β

企业类型		1	2	3	4	5	6	7
第1年	α	8256.76	6493.63	521.151	1446.80	4351.96	12264.27	6634.88
	β	98144.8	77620.76	6203.376	15756.52	41651.89	103327.35	31041.9
第2年	α	2275.17	1444.25	326.26	1813.29	3572.54	13047.62	9890.55
	β	38718.85	22546.64	4180.12	21766.64	35772.61	105999.9	47049.84
第3年	α	3818.28	0	746.10	5264.79	5309.58	5836.27	0
	β	67418.28	0	10839.3	66756.93	53949.08	46319.84	0
第4年	α	0	0	327.32	1416.51	4936.37	14559.45	0
	β	0	0	8739.66	26467.45	51031.58	98392.03	0
第5年	α	0	0	481.27	0	0	0	0
	β	0	0	13799.7	0	0	0	0

二、模型的求解

对于模型(4.27)的求解，可以用蒙特卡罗模拟法进行，具体求解步

骤如下：

第一步，依据 7 类贷款企业调整损失率的相关系数矩阵，利用 t-Copula 函数生成相应 Copula 函数的随机数。

第二步，依据 7 类贷款企业损失率的 α 以及 β，利用 beta 分布得到 7 类贷款企业调整的损失率的随机数。

第三步，重复第一步和第二步 10000 次，得到 10000 种情形下的损失函数 H 的表达式。

第四步，利用第三步的样本求解优化问题（4.27）的相应的权重以及最优 CVaR 值和 VaR 值。

由于贷款组合是多期动态模型，所以贷款组合优化配置采用使用逆向递推的方法计算得到。首先计算第 5 期优化配置。由于没有下一期的数据，因此 $w_{i,6}$ 以及 $x_{k,6}$ 的值为 0，$w_{i,5}^*$ 以及 $x_{k,5}^*$ 分别表示第 5 期无风险资产的分配比重以及各类贷款企业的配置比重。无风险资产利率 $r_{i,5}$ 的数据对银行来讲是固定不变的，具体参见亚历山大和珀齐耶（Alexander 和 Pezier，2003）文献中的表 3。由贷款企业的基本情况知道只有第 3 类企业的贷款期限是 5 年，其调整收益率的期望 $E(\tilde{R}_{3,5})$ 为 5.62%，由于这一期只有第 3 类企业贷款，因此不需要考虑相关结构，只需要利用第 3 类贷款企业第五年调整损失率的 α 和 β 值生成相应的 beta 分布的随机数，将相应的数据带入（4.27）式，此时 $t = 5$，$\beta = 0.95$，$J = 10000$，则目标函数为

$$minCVaR(H_5) = min\left[\alpha + \frac{1}{(1 - 0.95) \times 10000}\sum_{j=1}^{10000} N_{j,5}\right] \quad (4.30)$$

相应的约束条件为

$$w_{2,5} \times 0.0252 + w_{3,5} \times 0.0252 + w_{4,5} \times 0.0252 + w_{5,5} \times 0.03$$

$$+ w_{6,5} \times 0.033 + x_{3,5} \times 0.0562 \geqslant 0.03244$$

$$(4.31)$$

$$x_{3,5} \leqslant 75\% \tag{4.32}$$

$$w_{1,5} + w_{4,5} \geqslant 5\%x_{3,5} \tag{4.33}$$

$$w_{5,5} + w_{6,5} \leqslant 8\% \times (1 - w_{2,5} - w_{3,5} - w_{4,5}) \tag{4.34}$$

$$w_{2,5} = 6\% \tag{4.35}$$

$$w_{3,5} = 7\% \tag{4.36}$$

$$0.06\% \leqslant w_{1,5} \leqslant 1.5\% \tag{4.37}$$

$$0 \leqslant x_{3,5} \leqslant 0.2 \tag{4.38}$$

$$\sum_{i=1}^{6} w_{i,5} + x_{3,5} = 1 \tag{4.39}$$

$$0 \leqslant w_{i,5} \leqslant 1 \quad (1 \leqslant i \leqslant 6) \tag{4.40}$$

$$N_{j,5} = H_{j,5} - \alpha \geqslant 0, j = 1,2,\cdots,10000 \tag{4.41}$$

依据第五期贷款组合的目标函数及相应的约束条件,利用 Matlab 软件求解该线性规划问题,得到相应的 $w_{i,5}$ 和 $x_{k,5}$,计算结果见表 4-8 最后一列。

从第 4 期开始就要考虑到本年的贷款组合分配比重受上一期贷款组合分配比重的影响,运用(4.28)式求解第 4 期贷款组合的目标函数,此时 $t=4$,在第 4 期进行贷款的企业共有 4 类,因此需要考虑这四类贷款企业之间的相关结构,本书选用的是 t-Copula 函数,利用表 4-7 中四类贷款企业调整损失率的 α 和 β 值生成相应的 beta 分布随机数,将相应的数据代到(4.27)式求得第 4 期贷款组合的目标函数以及约束条件为:

$$\min CVaR(H_4) = \min\left[\alpha + \frac{1}{(1-0.95)\times 10000}\sum_{j=1}^{10000} N_{j,4}\right] \tag{4.42}$$

$$s.t. \quad \sum_{i=1}^{6} (w_{i,5} + w_{i,4}^{*})r_i + \sum_{k=1}^{7} (x_{k,5} + x_{k,4}^{*})E(\tilde{R}_{k,4}) \geqslant 0.03244 \tag{4.43}$$

$$\sum_{k=1}^{7} (x_{k,4}^{*} + x_{k,5}) \leqslant 75\% \tag{4.44}$$

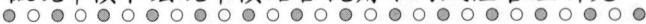

$$w_{1,4}^* + w_{1,5} + w_{4,4}^* + w_{4,5} \geq 5\% \sum_{k=1}^{7} (x_{k,4}^* + x_{k,5}) \quad (4.45)$$

$$w_{5,4}^* + w_{5,5} + w_{6,4}^* + w_{6,5} \leq 8\%(1 - \sum_{i=2}^{4} (w_{i,4}^* + w_{i,5})) \quad (4.46)$$

$$w_{2,4}^* + w_{2,5} = 6\% \quad (4.47)$$

$$w_{3,4}^* + w_{3,5} = 7\% \quad (4.48)$$

$$0.06\% \leq w_{1,4}^* + w_{1,5} \leq 1.5\% \quad (4.49)$$

$$0 \leq x_{k,4}^* + x_{k,5} \leq 0.2, k = 3,4,5,6 \quad (4.50)$$

$$\sum_{i=1}^{6} (w_{i,4}^* + w_{i,5}) + \sum_{k=1}^{7} (x_{k,4}^* + x_{k,5}) = 1 \quad (4.51)$$

$$N_{j,4} = H_{j,4} - \alpha \geq 0, j = 1,2,\cdots,10000 \quad (4.52)$$

依据第 4 期的贷款组合目标函数和约束条件,得到无风险资产及贷款企业贷款比重的变化量 $w_{i,4}^*$, $x_{k,4}^*$ ($i = 1,2,\cdots6;k = 3,4,5,6$) ,将结果与表 4-8 中最后一列对应相加得到第 4 期各项贷款比重 $w_{i,4}$, $x_{k,4}$。

其他年份贷款组合分配比重依据上节的方法进行计算,其结果见表4-8。

表4-8 贷款组合分配比重

序号		第1年	第2年	第3年	第4年	第5年
1	w_1	0.0006	0.0006	0.0006	0.0006	0.0006
2	w_2	0.0600	0.0600	0.0600	0.0600	0.0600
3	w_3	0.0700	0.0700	0.0700	0.0700	0.0700
4	w_4	0.1587	0.6317	0.6411	0.6916	0.7270
5	w_5	0.0000	0.0000	0.0000	0.0000	0.0000
6	w_6	0.0569	0.0191	0.0183	0.0143	0.0114
7	x_1	0.2000	0.2000	0.2000	0.0000	0.0000
8	x_2	0.2000	0.0187	0.0000	0.0000	0.0000

序号		第1年	第2年	第3年	第4年	第5年
9	x_3	0.2000	0.0000	0.0100	0.0678	0.1310
10	x_4	0.0538	0.0000	0.0000	0.0957	0.0000
11	x_5	0.0000	0.0000	0.0000	0.0000	0.0000
12	x_6	0.0000	0.0000	0.0000	0.0000	0.0000
13	x_7	0.0000	0.0000	0.0000	0.0000	0.0000
14	VaR	0.0774	0.0801	0.0804	0.0816	0.0810
15	CVaR	0.1437	0.0919	0.0919	0.0998	0.0949

三、结果分析

第1年的 VaR 值是最小的,但 CVaR 值却是5年中最大的,可见利用 VaR 度量风险可能使得风险低估,而利用 CVaR 代替 VaR 度量风险很好地控制了贷款组合中极端损失的发生。

从信用等级来看第5、6、7类企业由于信用等级比较低,商业银行为了考虑其资产的安全性,并没有对这三类企业发放贷款,贷款集中于信用等级较好的第1、2类企业中。

银行的贷款主要集中在信用评级相对较高的贷款企业中,而对于短期收益相对比较高但信用评级比较低的企业如第5、6、7类企业,贷款发放度不高,主要是信用评级比较低的企业发生损失的概率也比较大,风险暴露度高,因此也很难得到银行的贷款。

从 CVaR 的计算结果来看,1年期贷款的 CVaR 值比较大是因为一方面其受制于后几年贷款的约束,另外对于贷款期限为1年期的企业,银行在实际收回贷款时有一定的滞后性,因此1年期的贷款 CVaR 值最大。而4年期以及5年期的贷款 CVaR 值比较大容易理解,贷款年限越长,不确定因素越多,银行面临的风险也就越大。

系统性风险管理篇

第五章　系统风险的预警模型构建

　　第三版巴塞尔协议中关于宏观审慎的监管主要是在资本框架中增加了留存缓释和逆周期缓释资本以及对系统重要性银行增加额外资本的要求。金融危机中,市场参与者顺周期的行为通过各大渠道放大,使得金融冲击遍及整个银行系统、金融市场和实体经济,进而扩大了顺周期效应。为了应对顺周期问题,提升银行体系在上行期间的稳定性,巴塞尔委员会引入了逆周期缓释资本和留存资本。建立逆周期的资本约束,推动银行在经济上行期储备超额资本用于经济下行期吸收损失,能够降低经济和金融冲击,促进银行体系的稳定;建立留存缓释资本解决了金融危机期间银行体系无法通过内源融资渠道来补充资本的问题。这两种资本监管的要求都和经济周期和金融风险相关,金融风险主要是系统风险,它是由影响整个金融市场的风险因素引起的,使所有经济主体共同面临未来收益的不确定性,这些风险因素包含经济周期、国家宏观调控政策的变动等。因此合理预测系统风险可以为宏观审慎监管提供技术支撑。

　　系统风险的预警模型来自于经济预警模型,经济预警思想最初出现在 19 世纪末 20 世纪初,法国学者用不同颜色表示各种经济状况的气象式模型来研究经济。而经济预警思想的正式提出是在 20 世纪 30 年代,西方经济学家在资本主义经历了全面、深刻的经济危机后,开始对资本主义经济产生了警惕,出现了经济预警方面的研究。一般来说,预警具有动态性、先觉性和深刻性,是基于当前和历史的信息,利用各项先行指标的发展趋势,以预测未来的发展状况,定性和定量地判断风险强弱程度,并通知监管部门及决策人员尽可能及时地采取应对措施,以规避风险、减少损失。系统风险预警机制是以现实中的金融活动为对象,在一定的经济、金融理论的指导下,采用一系列的科学预警方法、技术、指标体系以及预警模型,对整个金融运行过程进行监测,并针对监测结果所获得的警情和警兆发布相应警示的金融决策支持系统。主要内容包括:(1)预警方法,是指导预警指标选取、预警模型构建与比较以及预警结果分析的技术方法;(2)预警指标,是指能够提前、广泛、显著及量化金融风险的各项经济、金融统计指标;(3)预警模型,是指在选取的预警指标及其样本的基础上,借助各种统计方法及计量经济模型,建立自变量(预警指标)与因变量(金融危机发生的可能性)之间的直接或间接的函数关系;(4)预测方法,是指采用各种经济计量方法对选定的预警指标体系进行样本外推,预测未来金融风险状况的方法;(5)制度安排,主要是指合理的法规框架及适当的组织形式。

自改革开放 40 年以来,中国国内并没有爆发过金融危机,其原因主要是中国的资本市场还没完全放开,各项管制严格,但随着我国金融管制逐渐全面放开,来自全球的激烈竞争将使我国的潜在金融风险进一步增大,未来我国存在发生金融危机的可能性,为能够及时监测、防范和化解金融危机的发生,对金融风险的预警就显得尤为重要。

第一节　金融风险的内涵

系统风险来自于金融风险,所以要建立系统风险的预警模型,首先要分析影响金融风险的内涵。所谓金融风险是指因经济原因或金融本身制度缺陷、运行紊乱等原因导致的金融领域一系列矛盾激化,对整个金融体系稳定造成的破坏性威胁。可以从微观和宏观两个层次来考察金融风险①。

从微观层面看,微观金融风险是指金融活动的参与者如厂商、金融机构、个人投资者所面临的不确定的变化结果。我国的微观金融主要表现为信用风险、流动性风险、资本风险、投资风险和表外业务风险,以及利率风险、汇率风险。其中最重要的是信用风险。其中信用风险是指借款人违约不偿还债务所欠的本金和利息,造成贷款人资产损失和利息收入损失的风险。流动风险是指经营实体不能按照合理的条件取得现金的风险。流动风险的主要压力来自于短期负债部分。资本风险是指金融机构没有足够的资本金来补偿意外损失,维持客户利益。投资风险是指投资者对投资活动未来现金流量的预期与未来实际现金流量的偏离,使投资者蒙受损失的可能性。表外业务风险是目前不能反映在金融机构资产负债表中的一些项目,比如承兑汇票,有追索权的资产,这些都可能导致表外业务风险。利率风险是指应收债权或应收债务因利率变化而发生变化的风险。汇率风险主要指对外资产或对外负债因汇率变化而发生变化的风险。

从宏观层面看,宏观金融风险是指各种金融制度或者金融活动对整个国民经济带来的不确定的变化结果。宏观金融风险主要包括下述几个类型:制度风险是指一个国家货币当局因实行不合适的金融体制、汇率制度或货币政策而产生的风险。外债风险是指一个国家因无力偿还到期外债而产生的风险。国际投机风险是指外国机构投机者对某个国家发起投机性金融攻击所产生的风险。

微观金融风险和宏观金融风险是相互区别的。前者产生于微观经济因素,是后者的基础;后者建立在前者之上,又受到宏观经济因素及国际经济的影响。

---

① 徐国祥:《金融统计学》(第二版),上海人民出版社 2016 年版,第 308 页。

第二节　系统风险预警方法①

系统风险的预警模型是指在分析相关系统风险数据和信息的基础上,对系统风险发生的概率进行定量分析,以便合理预测,从而起到预警的作用。次贷危机前,监管当局就已尝试将经济金融系统看作所有金融活动参与个体的总和,通过引入宏观和微观的经济指标,利用各部门的总量经济数据来度量经济金融体系的系统风险。国际货币基金组织(IMF)于1999年5月启动了"金融部门稳定评估计划"(FSAP),运用包括经济增长、通货膨胀、利率等在内的宏观指标,以及资本充足率、盈利性指标、资产质量指标等微观指标,度量一国金融体系中蕴含的系统风险。很多学者基于系统整体的视角,从技术研究层面进行了一些有益的研究,比如,卡明斯基和莱因哈特(Kaminsky和Reinhart,1999)的KLR方法、弗兰克和罗斯(Frankel和Rose,1996)的FR模型等。下面主要介绍四种预警模型:主观概率模型,FR概率模型、STV横截面回归模型以及KLR信号模型。

一、主观概率模型

主观概率模型是由斯坦福大学学者刘遵义教授提出的,他使用历史实证比较数量分析方法及综合模糊评价法,以墨西哥为参照国家,分析东南亚地区发生金融危机的可能性。他选用衡量一个国家和地区的经济和金融在世界经济和金融环境中的状况的10项经济指标:实际汇率、实际GDP增长率、相对通货膨胀率、国际贸易差额、国际收支经常项目差额、顺差或逆差,以及跨国组合投资与外商直接投资比例等。一国在10个方面的不同表现构成了可能发生金融危机的各种征兆。他

---

① 徐国祥:《金融统计学》(第二版),上海人民出版社2016年版,第301页。

认为一国货币的大幅度贬值及股市的大幅下跌是金融危机爆发的最重要特征,而该国本币在危机爆发前的持续高估状态是造成这种现象的主要原因。

刘遵义以墨西哥为参照国家,观察了 1985—1995 年 10 年来中国大陆、中国香港、印度尼西亚、韩国、马来西亚、菲律宾、新加坡、中国台湾和泰国九个国家和地区的经济发展和金融情况。若一国指标表现好,记为"√";较差,记为"×"。若以"一国表现较差的指标个数"作为该国发生金融危机的主观概率,则可知可能重现墨西哥式金融危机的国家是:菲律宾、泰国、印度尼西亚和马来西亚,而中国大陆、中国香港地区、中国台湾地区和新加坡不大可能发生金融危机。

二、FR 概率单位模型

弗兰克和罗斯(Frankel 和 Rose,1996)提出了 FR 概率模型(Probit/Logit Model)。常用的概率模型是概率单位模型(Probit Model)该模型假定各金融事件是离散、有限的,货币危机是在多个因素的共同作用下由投机性冲击引发的,并运用单位概率模型来预测金融危机发生的概率。

将因变量定义为:

$$Y = \begin{cases} 1 & \text{发生金融危机} \\ 0 & \text{不发生金融危机} \end{cases}$$

则因变量 Y 是离散的,服从两点分布。

若以 x 表示导致金融危机的因素,而 β 是 x 对应的参数向量,则:

$$P\{Y = 1\} = F(x,\beta)$$
$$P\{Y = 0\} = 1 - F(x,\beta)$$

就是一个概率单位模型。

假设样本中有 n 个国家,样本时期为 $1,2,\cdots,T$,记:

$$P(i,t) = \begin{cases} 1 & \text{当 } i \text{ 国在 } t \text{ 时发生金融危机} \\ 0 & \text{当 } i \text{ 国在 } t \text{ 时未发生金融危机} \end{cases}$$

以 $x(i,t)$ 表示 i 国 t 时对应的 x 值,则概率单位模型的对数似然估计为:

$$\ln L = \sum_{t=1}^{T} \sum_{i=1}^{n} \{ P(i,t) \ln [F(\beta' x(i,t))] +$$
$$(1 - P(i,t) \ln [1 - F(\beta' x(i,t))]) \}$$

令:

$$\frac{\partial \ln L}{\partial \beta} = 0$$

将样本值代入求解可得 β 的估计值,进而可求出 $P(i,t)$ 的估计值。

弗兰克和罗斯(Franke 和 Rose,1996)认为当一国的货币贬值率至少为 25% 并且至少超过上一年货币贬值率的 10% 时,可以认定为该国发生了金融危机,并利用该模型对 1971—1992 年间 105 个发展中国家的季度数据进行了实证分析,选取 GDP 增长率、外国利率、国内信贷增长率、政府预算/GDP、经济开放度、经常项目/GDP、外债总额、国际储备/进口和实际汇率高估程度等指标及其样本值,运用极大似然估计法估算金融危机发生的可能性。实证结果表明:货币危机在国外直接投资枯竭,本国信贷增长过快,国际储备较低,债权国利率上升且汇率高估时更易发生。该模型简单易行,但由于没有考虑到各国差异性,偏差较大。

三、STV 横截面回归模型

STV 是指分析起因类似的一小组危机以及影响危机至关重要的一些变量,以面板数据为基础,用线性回归方法进行研究。萨克斯等(Sachs 等,1996)利用 20 个新兴市场国家的横截面数据建模(以货币危机指数为因变量,共包括 7 个估计参数),然后检验。其中指

数危机是指储备减少百分比和外汇减少百分比的加权和,得到如下模型:

$$IND = \beta_1 + \beta_2 RER + \beta_3 LB + \beta_4 RER \times DLR + \beta_5 LB \times DLR +$$
$$\beta_6 RER \times DWF + \beta_7 LB \times DWF$$

其中,RER 代表实际汇率贬值幅度;LB 代表贷款繁荣度,用私人贷款的增长率表示;DLR 代表低储备的哑变量,当储备/M2 处于低四分位中时为 1,其他为 0;DWF 代表弱基本变量,当 RER 处于低四分位中或 LB 处于高四分位中时为 1,其他为 0。

实证结果表明:实际汇率贬值的国家发生金融危机的可能性较小,LB 对金融危机的效果为正。若一国金融体系较脆弱,实际汇率被高估,而外汇储备又不足,那么经济体系就会遭到严重攻击进而引发金融危机。该方法不能回答危机发生的时机,但能指出在改变国际金融环境的事件中,哪些国家将受到严重影响。

四、KLR 信号模型

卡明斯基(Kaminsky)和莱因哈特(Reinhart)创立了 KLR 信号模型,同时给出了各个指标的预警阈值,当指标偏离均值的程度超过阈值时,称发出信号。一个时期内指标预期危机的能力被称为信号水平时期。卡明斯基(Kaminsky)对该模型进行了完善,以弥补其在预警亚洲金融危机时的缺陷,该模型分为选取预警指标和统计分析历史数据两个步骤,以预测危机信号在未来 24 个月内的出现情况。一个信号发出后,在 24 个月内发生金融危机,则称为一个好的信号,反之称为坏的信号或者噪音。噪音—信号比率是实际发出的坏信号的份额与实际发出好信号的份额的比率。

在筛选出对金融危机有预测力的指标时,将噪音—信号比等于或大于 1 的指标剔除,因为噪音过多,对预测没有帮助。因此,有预测力的指标有实际汇率、出口增长率、股价、M2/国际储备、产出增长率、过度的 M1 余额、国际储备增长率、M2 乘数增长率、国内信贷/GDP 增长率、实际利息率、贸易条件增长率和实际利息率差异。

卡明斯基(Kaminsky)等人将指标先于危机第一次发出信号的平均月数定义为先导时间,前述指标中,实际汇率和实际利息率先导时间最长,其他指标可作为先导指标而不是同步指标。在统计分析历史数据方面,卡明斯基(Kaminsky)等人在 1998 年把筛选出的单个指标进行加权,综合成单一的危机指标,并用噪音—信号比的倒数(Andrew Bery 和 Catherine Pattillo,1998)作为指标的权数。这样不仅可以做样本内模拟,又可以进行样本外预测。

进行样本内模拟时,对样本国家 i 在时间 t 时发出信号的指标进行加权,在 $\{t,(t+24)$ 个月$\}$ 内发生危机的条件概率为:

$$P(C^i_{t,t+24} \mid K_t = j) = \frac{K = j \text{时},24 \text{ 个月内发生危机的月数}}{K = j \text{ 的月数}}$$

其中,K 是发出信号的指标的加权和,C 表示发生危机,j 表示某个数字。

在检验模拟程度好坏时,规定一个切割概率。当估计的危机发生概率大于切割概率,发出预危机信号,反之,则不发出危机信号。

KLR 模型不仅能够揭示金融危机发生的根源,还为各国政府和国际社会监控并防范金融危机提供了指南,成为了目前最受重视、运用最广的预警模型,但由于该模型临界值的确定是按照样本标准差来定义的,因此当爆发新的较大危机时,临界值的更新将导致以前曾被识别出的危机不能被重新识别出来。

五、信号显示预警模型

信号显示预警模型是基于层次分析法的一种预警模型,该模型主要从以下 4 个方面进行:指标选取原则、指标选取及其阈值的确定、层次分析法、结果分析。

（一）指标选取原则[①]

根据以往的经验显示，某个或者某些经济、金融状态的先行失衡，经常是大规模金融危机爆发的诱导因素，即金融危机的预兆通常都表现为某些金融指标数据的急剧恶化，因此，通过构建金融风险预警指标体系来预测金融风险是一个可取之策。由于能够用于金融风险预警的预警指标很多，因此所选取的各项预警指标不仅要具备及时识别出金融运行过程中所存在的问题的能力，而且还要具有高效灵敏的金融风险监测能力，尽可能降低错误信号的传递率，为金融预警及监管提供一定的依据。在构建中国金融风险事前预警指标体系时，应坚持以下指标选取原则：

1. 规范性原则

即统一预警指标的口径，选取在国际、国内均具有可比性的各项指标来构建金融风险预警指标体系，确保各指标的可比性，使整个预警指标体系更为科学、合理，这样不仅便于中央银行对国家金融风险的统一监测、度量和管理，还能促进国际交流、借鉴。

2. 系统性原则

选取具有高度概括性的预警指标，以全面反映经济的变动规律，从时间上而言，金融风险预警指标体系应该作为一个有机整体，从不同的角度、层面来反映金融风险的现状和动态变化趋势；从空间上而言，金融风险预警指标体系要形成一个能全面反映金融风险各方相关性的系统。

3. 灵敏性原则

所选取的预警指标的数值的细微变化就能反映金融风险的变化情况，指标灵敏度高，能在金融运行体系发生异动的时候，迅速发出预警信号，使管理当局能够及时采取防范和改进措施。

---

① 卢芹：《中国金融风险预警机制研究》，重庆大学硕士学位论文，2012年，第17页。

4. 可操作性原则

所选取的预警指标均可以被量化,且各指标的样本数据均容易收集,能够从广泛的经济数据当中准确获取。

5. 互补性原则

金融风险预警指标体系内的各指标看似独立,实际上相互联系,相互补充,且只有在各预警指标的共同作用下预警指标体系才能够全面、客观地反映金融体系的整体风险,起到预警作用。

（二） 指标选取及其阈值的确定①

影响金融稳定的因素不胜枚举,而且各种因素的相对重要性及相互作用也因一国的发展水平、开放程度的不同而大相径庭。因此,分析风险的角度不同,所选指标也就不同。例如,有人从风险传播渠道(通过银行贷款或贸易关系)的角度来评估体系性风险,有人试图以市场(存款人)信心、信息不对称等入手观察风险。由于我国金融系统中银行占据举足轻重的地位,因此在考虑方法的可操作性和数据的可得性的基础上,结合已有研究成果,笔者倾向于陈守东等人的指标分类(即整体金融风险从宏观经济指标、金融系统指标、泡沫风险指标三个方面指标)。在陈守东等人的指标分类的基础上引入了外部冲击指标,并结合各指标的数据可得性和可比性,重新从宏观经济风险子系统、银行体系风险子系统、其他金融机构风险子系统、外部冲击风险子系统四个方面共14个指标对中国金融整体风险进行刻画。

1. 宏观经济风险系统指标

(1)GDP 增长率

GDP 增长率是指国内生产总值的增长率,被公认为是衡量一国经济状况的最佳指标。不但可以反映一个国家的经济表现,还可以反映一国的国力与财富。

---

① 卢芹:《中国金融风险预警机制研究》,重庆大学硕士学位论文,2012,第19页。

（2）财政赤字/GDP

财政赤字/GDP，是衡量财政风险的一个重要指标。财政赤字是指财政支出超过财政收入的部分，意味着"花"的钱超过了"挣"到的钱。按照国际上通行的标准，赤字率 3% 一般设为国际安全线。如果要保证有一个较高的经济增长率，往往要求有一个较高的赤字率；而要使过高的经济增长率降下来，同时也必须把过高的赤字率降下来。

（3）M2 增长率

广义货币（M2）是一个金融学概念，和狭义货币相对应，货币供给的一种形式或口径，以 M2 来表示，其计算方法是交易货币以及定期存款与储蓄存款。M2 增长率能够反映社会总体经济的变动和货币政策松紧度，它已经成为我国宏观经济重要监测指标和调控指标。

（4）固定资产投资增长率

固定资产投资增长率是指本年固定资产投资规模增加额占上一年固定资产投资规模的比例；投资增长率的变化能够对经济增长起到直接作用。历史的经验证明，如果固定资产投资增长率过高，超过了经济的实际承受能力，就有可能造成国民经济发展的失衡；如果固定资产投资增长率过低，固定资产投资对经济发展的推动力就发挥不充分。

2. 银行体系风险指标

（1）资本充足率

资本充足率，也被称为资本风险（加权）资产率，是一个银行的资产对其风险的比率。资本充足率反映商业银行在存款人和债权人的资产遭到损失之前，该银行能以自有资本承担损失的程度，目的是监测银行抵御风险的能力。

（2）不良贷款率

不良贷款率指金融机构不良贷款占总贷款余额的比重。不良贷款的形成原因多种多样，不外乎来自于银行外部的原发性因素和银行内部管理的内生性因素。不良贷款率的大小，决定了一家银行在经济正常运行时的盈利能力和核心竞争力,也可以说是导致金融危机的重要因素。它对银行的生存和发展,乃至国家的金融形势都具有不可忽视的影响力。

（3）资产利润率

资产利润率,又称投资盈利率、资产所得率、资产报酬率、企业资金利润率,是反映银行资产盈利能力的指标。是指银行在一定时间内实现的利润与同期资产平均占用额的比率。资产利润率有利于分析银行盈利的稳定性和持久性,确认经营风险。

（4）存贷比

存贷比是商业银行贷款总额除以存款总额的比值,存贷比过高会导致银行有支付危机。如果一家银行的存款很多,贷款很少,就意味着它成本高,而收入少,银行的盈利能力就较差。存贷比监管对于推动我国商业式银行从计划经济时期的信贷规模管理转向资产负债比例管理、确保银行维持适度存差、控制流动存贷比监管改革的思路与措施性风险、约束银行资产过度扩张发挥了积极作用。

3. 其他金融机构风险指标

（1）市盈率

市盈率是最常用来评估股价水平是否合理的指标之一,由股价除以年度每股盈余（EPS）得出（以公司市值除以年度股东应占盈利亦可得出相同结果）。市盈率的高低代表了投资者对公司成长机会预期的乐观程度,它反映出公司所拥有的投资机会的期望报酬率的大小以及再投资比率的高低。

（2）证券化率

证券化率,指的是一国各类证券总市值与该国国内生产总值的比率。证券化率是衡量一国或地区证券市场发展程度的重要指标,一般而言,证券化率越高,意味着证券市场在一国或地区经济体系中越重要。

（3）房价增长率/GDP 增长率

房价增长率与 GDP 增长率之比,主要测量房地产行业相对国民经济的扩张速度。房价增长率与 GDP 增长率比值一般指标值在 1 以内属于合理范围,1—2 为泡沫预警,2 以上说明房价虚涨、泡沫显现。

4. 外部冲击风险指标

（1）外汇储备/年进口总额

外汇储备又称为外汇存底,指一国政府所持有的国际储备资产中的外汇部分。对于发展中国家来说,往往要持有高于常规水平的外汇储备。但是,外汇储备并非多多益善,近年来我国外汇储备规模的急剧扩大对经济发展产生了许多负面影响。对大多数国家来讲,保持外汇储备占年进口总额的 30%—40% 是比较合理的。

（2）外债总额/GDP

外债总额/GDP 是衡量一个国家国民生产总值偿还外债能力的指标,并且可以衡量债务结构是否合理。对大多数国家来说,保持外债总额占 GDP 的 15% 以下是安全的。

（3）短期外债/外债总额

短期外债/外债总额是衡量一国外债期限结构是否合理的指标,它对特定年份还付本付息影响较大,国际公认的参考安全线为 25% 以下。短期外债比率过高,有可能会引发偿付危机。

5. 指标阈值的确定

指标体系选定以后,要进一步确定每一个指标不同风险状态的临界值,即预警界限,它是描述预警指标数据达到危机水平,发出预警信号的数值。若需进一步判断一国所处安全状况或危机程度,还需细分数据的安全区间。

实际操作时,首先应参照国际公认标准确定临界值,在没有公认标准的情况下,应结合经济金融背景相似的国家在金融稳定时的各项经验数据及中国的实际情况加以确定。本书确定各指标临界值的主要依据是:(一)权威机构的规定,如根据《巴塞尔协议》的规定,商业银行的资本充足率最低标准为 8%。(二)国际惯例,如财政赤字/GDP,国际公认的临界值为 3%。(三)本国或拥有类似经济金融背景国家的历史数据结合本国发展状况,如 1980 年以来我国 GDP 的年均增长率约为 9.7%,但考虑到经济增长速度将不会一直保持高增长态势,同时基于我国经济社会发展的实际,8% 是政府必保的经济增长速度,因而 8% 是警戒线。

在安全区间的确定上,首先应根据风险性质的不同,把预警指标基本分为两类:一是风险单调型,即风险状态随着指标值的增加呈现单一性质变化(增加或减少),如市盈率越小则越安全。二是风险非单调型确定,即指标值在某一区间内是安全的,而在其两边随着该区间距离的增大,风险状态增加,如 GDP 增长率的安全区间是 6.5—9.5,在该区间以下或者以上风险都在增加。

表 5-1   金融系统风险事前预警指标风险等级界限

(单位:%)

预警指标类型	预警指标名称	安全无警 0—20 分	基本安全轻警 20—50 分	风险中警 50—80 分	较大风险重警 80—100 分
宏观经济风险子系统	GDP 增长率	[6.5,9.5]	[5,6.5) (9.5,11.5)	[3.5,5) (11.5,12.5]	<3.5 >12.5
	M2 增长率	[0,10)	(-5,0) [10,15)	[-10,-5) [15,20)	<-10 (20,40)
	财政赤字/GDP	(0,2]	(2,3)	(3,4)	>4
	固定资产投资增长率	[13,19]	[10,13) (19,22)	[7,10) (22,25]	(25,50) (0,7)
银行体系风险子系统	资本充足率	(12,20)	[8,12)	[6,8)	(-2,6)
	不良贷款率	[0,5)	(5,15)	(15,20)	(20,50)
	资产利润率	(1,2)	[0.5,1)	[0.2,0.5)	(0,0.2)
	存贷比	(0,60)	[60,75)	[75,85)	(85,100)

续表

预警指标类型	预警指标名称	安全无警 0—20 分	基本安全 轻警 20—50 分	风险中警 50—80 分	较大风险 重警 80—100 分
其他金融机构风险子系统	市盈率	(0,40]	(40,60]	(60,80]	>80
	证券化率（股票市值/GDP）	(90,150)	[60,90)	[30,60)	(0,30)
	房价增长率/GDP 增长率	(0,100)	(100,200)	(200,300)	(300,500)
外部冲击风险子系统	外汇储备/年进口总额	(30,40)	(40,80)	[80,120]	(120,250)
	外债总额/GDP	(0,15)	(15,25]	(25,40)	>40
	短期外债/外债总额	(0,25)	(25,50)	(50,70)	(70,100)

（三）层次分析法[①]

AHP 法是美国匹兹堡大学教授萨迪在 20 世纪 70 年代提出的一种定性和定量分析相结合的多目标的决策分析方法。它的基本思路是，首先根据问题的性质拟定其要实现的总目标，然后根据问题的复杂程度将问题分解成多个组成因素，再根据各因素的相互隶属关系将各因素分层排列形成一个多层次结构模型，最终通过两两比较的方式确定各层次、各因素的相对优劣次序及相应权值。自从 80 年代，该方法被介绍到我国，其定性与定量相结合处理各种决策因素的特点，及其灵活、简洁、系统的优点，迅速在我国社会经济的各个领域，如城市规划、能源系统分析、科研评价、经济管理等，得到了广泛的重视和应用。

1. 建立指标层次结构

围绕我国金融风险整体状况，构建一个由目标层、准则层及子准则层所组成的我国金融风险预警指标层次结构模型（见图 5-1）。

---

① 卢芹：《中国金融风险预警机制研究》，重庆大学硕士学位论文，2012 年，第 21 页。

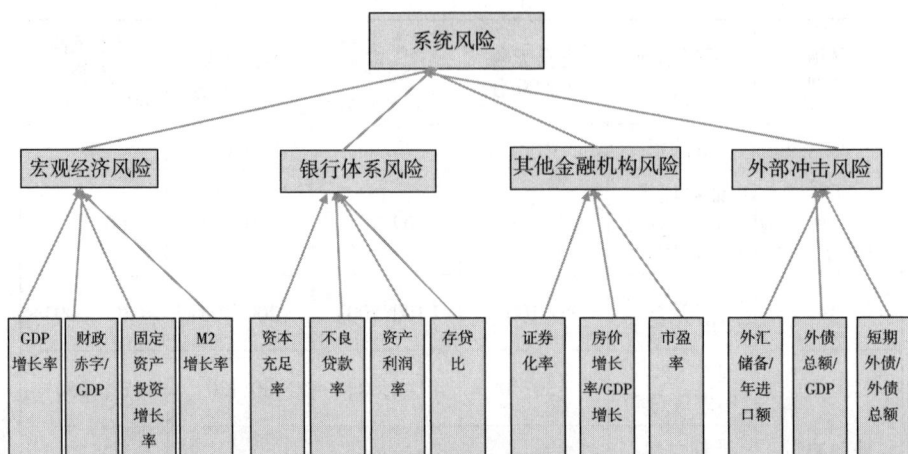

图 5-1　风险预警层次图

2. 构造两两判断矩阵

判断矩阵是以上一层次的要素作为判断准则,两两比较本层次的各要素相对于上一层次准则要素的重要性。标度 a_{ij} 根据重要性程度不同分为 $1,2,3,4,5,6$ 个等次。

3. 指标赋权

为得到任意精度的矩阵最大特征值和特征向量,可以在判断矩阵的基础上,用幂法求出特征向量的相应数值。具体步骤如下:

(1)计算判断矩阵每行元素的乘积 B_i:

$$B_i = \prod_{j=1}^{n} a_{ij}, i = 1,2,\cdots,n \tag{5.1}$$

(2)计算判断 B_i 的 n 次方根:

$$C_i = \sqrt[n]{B_i}, i = 1,2,3,\cdots,n \tag{5.2}$$

(3)对向量 $C = (C_1,C_2,\cdots,C_n)^T$ 进行归一化处理:

$$W_i = C_i / \sum_{i=1}^{n} C_i, i = 1,2,3,\cdots,n \tag{5.3}$$

特征向量为 $W = (W_1,W_2,\cdots,W_n)^T$,其中 $W_1,W_2,\cdots,W_n$ 为相应指标对上一层次指标的影响程度的权重值。

4.一致性检验

由于 AHP 法为主观赋权法,为避免操作过程中个人主观意识对权重值的确定造成较大误差,需进行一致性检验,步骤如下:

(1)计算一致性指标 CI:

$$CI = (\lambda_{max} - n)/(n - 1) \qquad (5.4)$$

其中 λmax 为判断矩阵的最大特征根:

$$W_i = \frac{1}{n} / \sum_{i=1}^{n} \left[\left(\sum_{j=2}^{n} a_{ij}w_j \right)/w_i \right] \qquad (5.5)$$

当 $CI = 0$ 的时候,判断矩阵具有完全一致性,而 CI 越大则判断矩阵的一致性就越差。

(2)计算一致性比率 CR:

$$CR = CI/RI \qquad (5.6)$$

当 $CR < 0.1$ 时,检验通过,接受判断矩阵的一致性;当 $CR \geq 0.1$ 时,检验未通过,需对判断矩阵重新进行调整。其中,RI 取值参见表 5-2。

表 5-2　平均随机一致性指标(RI)取值表

n	1	2	3	4	5	6	7	8	9	10	11
RI	0	0	0.58	0.90	1.12	1.24	1.32	1.41	1.45	1.49	1.51

5.指标权重

通过上述方法,在确定各指标的权重时,需要对各个指标相对于上一层级因素的影响程度的相对重要性进行排序并确定相应的重要性标度值,为避免该过程中主观性太强,本书采用专家意见法并参照已有文献确定各指标的重要性排序及标度值。

(四)结果分析

参考国家监测经济预警的做法,采取类似交通管制的方式来显示警度,即用蓝灯、绿灯、黄灯以及红灯信号来依次表示无风险状态、低风险状态、中度风险状态以及高度风险状态的警度,对应的分数范围依次为0—20分、21—50分、51—80分以及81—100分,也就是说分数越大,相应的风险就越大,各预警灯号所对应的风险状况及应采取的相应措施。将每年的金融风险以具体分值的形式表现出来,观察1995—2014年中国宏观经济风险得分及其所属的风险状态等级,给出相应的政策建议。

表5-3 灯号显示表[①]

灯号	警度	风险状况	措施
蓝灯	无警	风险极小,经营保守,可能会丧失部分收益机会	无
绿灯	轻警	风险小,在可接受范围内	静态监控
黄灯	中警	有一定的风险,已引起警惕	动态监控,采取必要措施化解风险
红灯	重警	风险很大,随时可能威胁整个金融系统的稳定	必须采取强有力的措施化解风险

六、基于CVaR的主成分回归模型

回归分析的方法是建立风险预警模型的一种有效方法,但是由于经济变量之间通常会有线性关系,因此在利用回归方法建立预警模型时,通常会遇到多重共线性问题,因此利用主成分的方法消除自变量之间的共线性成为处理共线性问题的一种手段。本章建立主成分回归模型,当共线性严重时,用最小二乘法建立的回归模型将会增加参数的方差,使得回归方程变得很不稳定,有些自变量对因变量影响的显著性被隐藏起来,某些回归系数的符号与实际意义不相符,回归方程和回归系数不能通过显著性检验。处理共线性的主要方法有筛选变量法、岭回归法、主成分回归法、偏最小二乘法等。本书在研究风险预警模型时选

---

① 卢芹:《中国金融风险预警机制研究》,重庆大学硕士学位论文,2012年,第32页。

用主成分回归法,用信号显示模型的十四个指标取对数后的变量作为自变量,用上证指数对数收益率的 CVaR 做系统风险的替代变量,建立主成分回归模型。

第三节　我国金融风险预警模型的实证分析

改革开放以来,中国虽然未遭受金融危机,但伴随中国经济的全球化发展趋势,中国遭受外来冲击和发生金融危机的可能性越来越大,因此,中国监管当局越来越重视系统风险的监管,监管内容也由以危机处理为重向以事前预警为主的模式转变,建立合理、有效的系统风险预警机制成为了中国监管当局的工作重点。前面四个系统风险预警方法主要针对的是国际市场,研究多个国家间的风险,针对我国单一市场,建立两种预警模型来研究我国金融系统风险:利用层次分析的信号显示预警模型和基于时间序列数据的主成分回归模型来研究我国金融系统风险。

一、基于层次分析的信号预警模型构建

首先筛选出 14 个金融系统风险指标(见表5-4)。

表5-4　系统风险预警指标

指标类型	宏观经济风险 B1	银行体系风险 B2	其他金融机构风险 B3	外部冲击风险 B4
指标名称	GDP 增长率 B11 M2 增长率 B12 财政赤字/GDP B13 固定资产投资增长率 B14	资本充足率 B21 不良贷款率 B22 资产利润率 B23 存贷比 B24	市盈率 B31 证券化率(股票市值/GDP)B32 房价增长率/GDP增长率 B33	外汇储备/年进口总额 B41 外债总额/GDP B42 短期外债/外债总额 B43

然后给出第一层的判断矩阵,如表5-5 所示。

表5-5　我国整体金融系统风险判断矩阵

	B1	B2	B3	B4
宏观经济风险指标 B1	1	2	3	2
银行体系风险指标 B2	1/2	1	1	1
其他金融机构风险指标 B3	1/3	1/2	1	1/2
外部冲击风险指标 B4	1/2	1	1	1

计算得特征向量为 $W = (0.4241, 0.2071, 0.1618, 0.2017)^T$，$CR = 0.0004 < 0.1$，该判断矩阵符合一致性检验，即宏观经济风险、银行体系风险、其他金融机构风险和外部冲击风险的权重分别为 0.4241、0.2071、0.1618、0.2071。

同理可得子准则层各指标的权重值。宏观经济风险指标的判断矩阵如表5-6所示，特征向量为 $W = (0.3684, 0.3684, 0.1928, 0.0704)^T$，其中 $CR = 0.0027 < 0.1$，该判断矩阵通过一致性检验。

表5-6　我国宏观经济风险判断矩阵

	B11	B12	B13	B14
GDP 增长率 B11	1	1	2	5
M2 增长率 B12	1	1	2	5
财政赤字/GDP B13	1/2	1/2	1	3
固定资产投资增长率 B14	1/5	1/5	1/3	1

银行体系风险指标的判断矩阵如表5-7所示，特征向量为 $W = (0.3750, 0.3750, 0.1250, 0.1250)^T$，其中 $CI = 0.0016 < 0.1$，该判断矩阵通过一致性检验。

表5-7　我国银行体系风险判断矩阵

	B21	B22	B23	B24
资本充足率 B21	1	1	3	3
不良贷款率 B22	1	1	3	3

	B21	B22	B23	B24
资产利润率 B23	1/3	1/3	1	1
存贷比 B24	1/3	1/3	1	1

其他金融机构风险指标的判断矩阵如表 5-8 所示,特征向量为 $W = (0.3090, 0.1095, 0.5816)^T$,其中 CR = 0.0036<0.1,该判断矩阵通过一致性检验。

表 5-8　我国其他金融机构风险判断矩阵表

	B31	B32	B33
市盈率 B31	1	3	1/2
证券化率 B32	1/3	1	1/5
房价增长率/GDP 增长率 B33	2	5	1

外部冲击风险指标的判断矩阵如表 5-9 所示,特征向量为 $W = (0.2764, 0.1283, 0.5954)^T$,其中 CR = 0.0053<0.1,该判断矩阵通过一致性检验。

表 5-9　我国外部冲击风险判断矩阵

	B41	B42	B43
外汇储备/年进口总额 B41	1	2	1/2
外债总额/GDP B42	1/2	1	1/5
短期外债/外债总额 B43	2	5	1

综合上述权重值,将所有指标相对于上一层级的权重值转化为相对于总目标的权重值,最终得出我国金融风险预警指标体系的汇总权重如表 5-10。

表5-10　基于AHP法的我国金融风险预警指标体系权重汇总表

目标层	准则层	准则层权重值	子准则层	自准则层权重值
我国金融风险预警指标体系	宏观经济风险	04241	GDP 增长率	0.1562
			M2 增长率	0.1562
			财政赤字/GDP	0.0818
			固定资产投资增长率	0.299
	银行体系风险	0.2071	资本充足率	0.0776
			不良贷款率	0.0776
			资产利润率	0.0259
			存贷比	0.0259
	其他金融机构风险	0.1618	市盈率	0.0500
			证券化率	0.0177
			房价增长率/GDP 增长率	0.0941
	外部冲击风险	0.2071	外汇储备/年进口额	0.0572
			外债总额/GDP	0.0266
			短期外债/外债总额	0.1233

下表给出 1995—2014 年份金融风险指标警度。

表5-11　金融风险指标警度表[1]

年份	B_{11}	B_{12}	B_{13}	B_{14}	B_{21}	B_{22}	B_{23}	B_{24}	B_{31}	B_{32}	B_{33}	B_{41}	B_{42}	B_{43}
1995	轻警	重警	无警	无警	无警	重警	中警	重警	无警	重警	无警	轻警	无警	无警
1996	轻警	重警	无警	无警	无警	重警	轻警	重警	无警	重警	无警	轻警	无警	无警
1997	无警	中警	无警	中警	无警	重警	中警	重警	无警	无警	无警	中警	无警	无警
1998	无警	轻警	无警	无警	无警	重警	中警	重警	无警	重警	无警	中警	无警	无警

---

　　[1]　1995—2006 年整个银行业资本充足率参考文献《开放条件下银行系统性风险生成机制研究》。1995—2001 年整个银行业资产利润率,1995—1998 年整个银行业不良贷款率均参考文献《中国金融风险预警机制研究》。其他数据来自《中国统计年鉴》。
　　2007 年财政赤字/GDP、1999 年与 2008 年房价增长率/GDP 增长率均为负值,均按照绝对值处理。

续表

年份	B_{11}	B_{12}	B_{13}	B_{14}	B_{21}	B_{22}	B_{23}	B_{24}	B_{31}	B_{32}	B_{33}	B_{41}	B_{42}	B_{43}
1999	无警	轻警	无警	重警	无警	重警	中警	重警	无警	重警	无警	中警	无警	无警
2000	无警	轻警	轻警	轻警	轻警	重警	中警	中警	无警	中警	无警	轻警	无警	无警
2001	无警	中警	轻警	重警	轻警	重警	中警	无警	中警	无警	中警	轻警	轻警	轻警
2002	无警	中警	轻警	无警	轻警	重警	中警	无警	中警	无警	无警	无警	无警	轻警
2003	轻警	中警	轻警	重警	轻警	中警	中警	无警	中警	无警	无警	无警	无警	轻警
2004	轻警	轻警	无警	重警	中警	轻警	轻警	轻警	无警	重警	轻警	无警	无警	轻警
2005	轻警	中警	无警	重警	重警	轻警	轻警	轻警	无警	重警	轻警	重警	无警	中警
2006	中警	中警	无警	中警	无警	轻警	轻警	轻警	无警	无警	重警	无警	无警	中警
2007	中警	中警	无警	中警	轻警	轻警	轻警	轻警	无警	中警	无警	无警	无警	中警
2008	轻警	中警	无警	重警	轻警	无警	无警	轻警	无警	中警	重警	无警	无警	中警
2009	无警	重警	轻警	重警	轻警	无警	中警	无警	轻警	中警	重警	无警	无警	中警
2010	轻警	中警	无警	轻警	无警	无警	中警	无警	无警	无警	无警	无警	无警	中警
2011	无警	中警	无警	中警	无警	无警	中警	无警	无警	无警	无警	无警	无警	重警
2012	无警	轻警	无警	轻警	无警	无警	轻警	无警	中警	轻警	无警	无警	无警	重警
2013	无警	轻警	无警	无警	无警	无警	轻警	无警	轻警	无警	无警	无警	无警	重警
2014	无警	轻警	中警	无警	无警	无警	无警	轻警	无警	中警	无警	重警	无警	中警

　　由表 5-11 可知 1995—2014 年我国宏观经济风险系统中的 GDP 警度一直处于轻警或者无警状态,财政赤字/GDP 也一直处于相当健康的范围。1995 年由于经济过热,固定资产投资增长过快,我国曾经历严重的通货膨胀,但其他分指标表现良好,整体系统风险并不高;在 1998 年前后,亚洲金融危机的冲击以及之前对经济过热的宏观调控,导致固定资产投资增长处于谷底,同样由于其他分指标的良好表现,使宏观经济子系统风险依旧亮起"绿灯";2002、2003 年我国又出现经济过热的苗头,国家开始新一轮的宏观调控,在此过程中固定资产投资增速不可避免出现下滑,但由于调控时机准确、措施到位,经济成功实现了"软着陆";此后几年我国经济继续保持高速增长,各分指标均基本处于良好区间,直到 2007 年经济再次出现过热苗头,又恰逢 2008 年全球金融危机,国家在短暂的紧缩调控后立即实施积极的财政政策和货

币政策,中央政府推出"四万亿"计划,同时放宽国内流动性,使宏观经济探底后迅速回升,宏观经济风险始终保持在安全区间。

2003年以前我国银行体系风险较大,警号灯一直发出黄色甚至红色警号。就各分指标而言大部分处于中警和重警状态,仅有小部分处于轻警和无警状态,这是因为在20世纪90年代前期,中国银行体系内存在大量的不良贷款和呆账坏账,国有银行均不同程度地存在资本充足率不足的问题,尽管1998年国家向商业银行发行了2700亿特种国债用于补充四家国有银行的资本金,1999年又通过金融资产管理公司对国有银行不良资产进行剥离,使国有银行资本充足率有了一些改善和提高,但仍未达到巴塞尔协议规定的8%国际通行安全标准。国家对此问题相当重视,一直在做加强监管方面的努力,而越来越多的国有银行与股份银行进入股市,其自身也有降低经营风险的内在动力。2003年中国银行业监督管理委员会的成立,是中国政府加强金融监管,整顿金融秩序,防范和化解金融风险的又一重大举措。自此之后,中国人民银行与银监会各司其职,监管体制得到完善,监管力量得到充实,我国银行体系的资本充足率很快达到巴塞尔协议要求,不良资产大大下降;经营状况持续好转,资产收益率、存贷比表现良好。目前,我国银行体系风险处于安全区间。

1995—2014年我国其他金融机构风险警号灯大部分时间发出绿、蓝信号,偶尔会发出黄色信号。1995年至今,我国的A股市值增长了数十倍,1995年至今,我国A股的平均市盈率大多处于30—40倍区间,与全球其他主要股市相比,处于合理的范围。证券化率从1995年的4.71增长到2014年的58.53,表明我国实体经济与虚拟经济的比例相对合理。在房价增长率指标方面,自2003年我国将房地产确立为主导产业后,全国大城市的房价便进入了快速上升通道,但原来基数不高,以及广大的中小城市及城镇、农村地区的房价上升速度并不快。综上所述,1995—2014年我国其他金融机构风险的警度并不高,就近几年的表现而言,风险警度虽略高于银行体系,但仍基本处于安全区间。

1995—2014 年我国外部冲击风险警号变化比较明显,前期发出绿色警号,中后期发出黄色、红色警号。我国自 1999 年开始加入世界贸易组织(WTO),在此之前,经济、金融体系相对封闭,资本项目没有完全开放;即使加入了 WTO,根据加入时签订的协议,还是获得了 5 年的缓冲期以逐步开放国内的金融市场与资本项目。因此,在 1999 年之前,我国的外汇储备/年进口总额、外债总额/GDP、短期外债/外债总额均处于较为平稳的区间,受外部冲击影响不大。但自 1999 年开始,我国的进出口贸易总额、外汇储备、外债均开始快速增长,经济体系受外部影响日益明显,外部冲击风险警号开始由绿灯变为黄灯。自 2004 年开始,我国获得的 5 年缓冲期结束,国内的金融市场、资本项目开始大规模开放,中国日益深入地融入全球经济体系,自身受外部冲击的影响日益明显。2008 年席卷全球的金融危机不可避免地波及中国,美欧日经济的衰退给以出口为导向的中国经济的增长带来了严重影响;2009 年始于希腊的欧债危机蔓延至欧盟各国,至今仍看不到解决的迹象,同时美国经济复苏低于预期。这些不利的外部冲击都对中国的出口造成了严重挑战,与之对应的外部冲击风险亦处于相当高位,值得警惕。

表 5-12　风险得分警度表①

年份	1995	1996	1997	1998	1999	2000	2001	2002	2003	2004
得分	34.77	31.30	34.81	28.41	30.56	33.16	36.03	37.81	44.17	49.53
警灯	绿灯	绿灯	绿灯	绿灯	绿灯	绿灯	绿灯	绿灯	绿灯	绿灯
年份	2005	2006	2007	2008	2009	2010	2011	2012	2013	2014
得分	54.20	44.41	54.79	43.83	47.36	39.52	36.12	33.96	31.98	28.06
警灯	黄灯	绿灯	黄灯	绿灯	绿灯	绿灯	绿灯	绿灯	绿灯	绿灯

---

① 计算每年金融风险得分时,按照指标在相应区间所占比例算出得分。总分值越大表明我国金融风险越大,分值越小表明我国金融风险越小。

中国的整体金融风险状况一直较平稳,相应的金融风险分数值从 1995 年到 2014 年中除了 2005 与 2007 年是黄灯,其余均为绿灯。其中,1998 年金融风险分数值处于低值,原因是前几年我国进行了一系列重大的金融体制改革,同时该年又发生了东南亚金融危机;2005 年与 2007 年虽然是黄灯,但是分值处于 50 分左右。总体来说,1995 年至 2014 年期间,中国的金融体系是比较安全的,这与我国金融安全的实际状况基本保持一致。

二、基于 CVaR 的回归分析研究

首先对 14 个变量进行主成分分析,得到的 4 个主成分 F_1、F_2、F_3 和 F_4,其得分方程分别为:

$$
\begin{aligned}
F_1 = &- 0.26\ln B_{11} - 0.223\ln B_{12} - 0.007\ln B_{13} + 0.57\ln B_{14} \\
&- 0.153\ln B_{21} - 0.957\ln B_{22} + 0.846\ln B_{23} - 0.914\ln B_{24} \\
&- 0.575\ln B_{31} + 0.65\ln B_{32} + 0.031\ln B_{33} + 0.942\ln B_{41} \\
&- 0.860\ln B_{42} + 0.931\ln B_{43}
\end{aligned} \tag{5.7}
$$

$$
\begin{aligned}
F_2 = &0.879\ln B_{11} + 0.615\ln B_{12} - 0.532\ln B_{13} + 0.647\ln B_{14} \\
&- 0.431\ln B_{21} + 0.133\ln B_{22} + 0.041\ln B_{23} - 0.125\ln B_{24} \\
&+ 0.024\ln B_{31} - 0.269\ln B_{32} + 0.693\ln B_{33} - 0.104 B_{41} \\
&+ 0.224\ln B_{42} + 0.169\ln B_{43}
\end{aligned} \tag{5.8}
$$

$$
\begin{aligned}
F_3 = &0.039\ln B_{11} - 0.445\ln B_{12} + 0.417\ln B_{13} + 0.102\ln B_{14} \\
&- 0.644\ln B_{21} + 0.152\ln B_{22} - 0.314\ln B_{23} - 0.27\ln B_{24} \\
&+ 0.55\ln B_{31} + 0.461\ln B_{32} + 0.161\ln B_{33} - 0.006\ln B_{41} \\
&+ 0.232\ln B_{42} + 0.139\ln B_{43}
\end{aligned} \tag{5.9}
$$

$$
\begin{aligned}
F_4 = &0.299\ln B_{11} + 0.053\ln B_{12} - 0.42\ln B_{13} - 0.198\ln B_{14} \\
&+ 0.409\ln B_{21} + 0.036\ln B_{22} + 0.103\ln B_{23} + 0.012\ln B_{24} \\
&+ 0.577\ln B_{31} + 0.51\ln B_{32} - 0.058\ln B_{33} + 0.145\ln B_{41}
\end{aligned}
$$

$$-\ 0.145\ln B_{42} -\ 0.096\ln B_{43} \tag{5.10}$$

然后对上证指数的对数收益率的 CVaR 进行度量,采用 $\alpha = 0.05$,将得到的 1995—2014 年的 CVaR 作为因变量,将上述四个主要成分作为自变量进行回归分析,由于线性回归方程在检验水平为 1% 水平下显著,因此该方程可以反映变量之间的线性关系。回归过程为

$$Y = -\ 0.0621 + 0.0017 F_1 -\ 0.0053 F_2 + 0.1339 F_3 -\ 0.0180 F_4 \tag{5.11}$$

将(5.7)-(5.10)代入回归过程(5.11)可得

$$\begin{aligned}
Y = &-\ 0.00526\ln B_{11} -\ 0.6418\ln B_{12} + 0.03005\ln B_{13} \\
&+\ 0.00247\ln B_{14} -\ 0.095139\ln B_{21} + 0.01737\ln B_{22} \\
&-\ 0.04268\ln B_{23} -\ 0.03726\ln B_{24} + 0.06215\ln B_{31} \\
&-\ 0.04869\ln B_{32} + 0.01898\ln B_{33} -\ 0.00126\ln B_{41} \\
&+\ 0.03103\ln B_{42} + 0.02103\ln B_{43}
\end{aligned} \tag{5.12}$$

显然 Y 与 B_{11}、B_{12}、B_{21}、B_{23}、B_{24}、B_{32}、B_{41} 的对数呈明显的负相关性,也就是说宏观经济中的 GDP 增长率、M_2 增长率,银行系统的资本充足率、资产利润率、存贷比,其他金融机构中的证券化率,外部冲击中的外汇储备/年进口总额对金融风险的贡献为负值。其中 M_2 增长率与资本充足率对金融风险的影响远大于 GDP 增长率、资产利润率、存贷比、证券化率与外汇储备/年进口总额。

Y 与 B_{13}、B_{14}、B_{22}、B_{31}、B_{33}、B_{42}、B_{43} 的对数呈明显的正相关性,也就是说宏观经济中的财政赤字/GDP、固定资产投资增长率,银行系统中的不良贷款率,其他金融机构中的市盈率、房价增长率/GDP 增长率,外部冲击中的外债总额/GDP、短期外债/外债总额对金融风险的贡献为正值。其中市盈率对金融风险的影响远大于财政赤字/GDP、固定资产投资增长率、不良贷款率、房价增长率/GDP 增长率、外债总额/GDP、短期外债/外债总额。

回归结果表明,宏观经济对金融风险的影响最大,其次是银行体系

（这与我们前面设定层次分析时对四个子系统所排的重要性一致）。所以我们得到金融体系中的四个子系统对金融风险的影响大小依次为：宏观经济、银行、其他金融机构、外部冲击。

第六章　系统性风险及其传染分析

　　进入 20 世纪 80 年代以来,全球金融业的发展可以说是突飞猛进、日新月异,但同时也经历了数次震荡:1982—1984 年的拉美国家债务危机,1992—1993 年的欧洲汇率危机,1994—1995 年的墨西哥金融危机,1997—1998 年的亚洲金融危机,1998—1999 年的俄罗斯金融危机以及 2007—2008 年爆发的全球大危机。在危机时期,金融机构陷入困境乃至破产事件发生的频率相当高,出现了因一个或几个金融机构陷入困境而引发"多米诺骨牌效应",风险迅速传导至金融体系。在这一过程中,系统性风险的复杂性和风险监管的艰巨性、必要性和紧迫性也随之凸显。特别是 2007 年爆发的次贷危机,由于对系统性风险关注不足,使得 CDO 和 CDS 等资产证券化产品不仅成为风险传染的媒介,也极大地放大了次级贷款的风险,最终导致整个金融系统性风险的爆发。针对这一情况,第三版巴塞尔协议提出了宏观审慎的监管框架,与微观审慎监管关注个体机构的安全相对性不同,宏观审慎管理关注整个金融系统的稳定,其核心就是将系统性风险纳入审慎监管的范畴。

　　微观审慎监管主要通过调控资本充足率、不良贷款率等手段来监控和预测单个金融机构存在的风险,并通过实时监督和现场抽检的方法促进金融机构机制的完善,特别地针对单个金融机构的正常运转进行监管。微观审慎监管基于这样一个逻辑:只要保证单个金融机构安全,那么整个金融体系就没什么太大的风险。事实证明,这种逻辑是站不住脚的,它直接表现出了一种"合成谬误",因为没有考虑到单个金融机构的失败可能带来的外部性,即金融机构之间相互关联。单个金融机构为了确保自身稳定运行而采取的行为,可能会导致风险在整个系统内转移和传播,微观审慎监管在这方面没有予以充分的考虑和重视。

宏观审慎监管看重整个金融体系,比较在意整个金融系统内部、系统与实体经济之间由于双向影响而形成的共同风险敞口和金融不平衡。通过估算金融体系潜在的风险,有针对性地采取监管措施、适时调整监管,来确保整个系统能经受住金融失衡的外生性冲击,进一步防止和消除系统性风险。

第一节　系统性风险的定义

虽然第三版巴塞尔协议将系统性风险纳入了宏观审慎监管的范畴,美国和欧盟等也建立了专门的机构来监管系统性风险,但目前对于系统性风险的定义,仍然缺乏统一的认识。

系统风险和系统性风险只有一字之差,很多时候容易引起人的模糊性辨识,部分研究者经常将二者的概念当成一样的,但是,也有很多人认为系统风险和系统性风险是两个有区别的概念,所以先对两者进行区分。系统风险属于金融风险的一种,它是由那些影响整个金融市场的风险因素引起的,使所有经济主体共同面临未来收益的不确定性,这些风险因素包含经济周期、国家宏观调控政策的变动等。其基本特点为:市场上的全部金融变量的可能值都会受到系统风险的影响,并且投资分散化等方式不能消除或者降低系统风险,仅仅可以利用一些方法手段来转让或规避,与之相对应的是非系统风险。系统性风险对应于英语中的 Systemic Risk。戴维斯(Davis,1992)将系统性风险与混乱(Disorder)、不稳定(Instability)视为同义词,指金融市场上的骚乱

（Disturbance），这种骚乱会给信用和资产市场的价格和数量带来出乎意料的变化，会导致金融企业失败的危险。卢卡泰利（Lucatelli，1997）则是在区分了系统性危机（Systemic Crisis）与系统性风险概念的基础上引出了系统性风险的内涵。他认为金融系统性危机是一种骚乱（Disturbance），能够从金融领域传播到经济系统的其他领域；而系统性风险则只表示出现系统危机的可能性。乔治等（George 等，2003）认为系统性风险指整个系统崩溃的风险或可能性，表现为系统中的大部分或所有组成部分的相关性（Correlation），与之相对应的是组织中的个体或某一部分的崩溃。对系统性风险的解释一般是："由于机构之间存在着密切的相互关系，所以当一家金融机构倒闭时，会给和它有业务联系的其他金融机构带来潜在的威胁，甚至破产。和最早发生危机的机构存在风险暴露情形接近的机构，最容易发生危机。金融机构之间的风险会相互传导，最终导致整个金融体系的惨败。"Dow（2000）认为尽管系统性风险一直是政策制定者感兴趣的内容，但是目前并没有一个固定的、被普遍接受的定义。

对于系统性风险的具体定义大致可以分为三类：

第一种定义：巴塞洛和沃伦（Bartholomew 和 Whalen，1995）认为系统性风险是指一种几乎同时能够对整个金融领域甚至整个经济产生重大负面影响的宏观冲击。这里"系统"的含义是指能对全部银行、金融体系甚至经济体系而不是仅仅对某一或某几个机构产生影响的事件。米什金（Mishikin，1995）认为系统性风险是指发生这类突然的未预期事件的可能性，它们扰乱了金融市场的信息传输，使其不能把资金提供给有最好投资机会的企业和机构。库斯特和尼可森（Kupiec 和 Nickerson，2004）将系统性风险定义为一种潜在威胁，这种威胁由某个经济动荡诱发，且会引起资产价格的异常波动、公司流动性的显著减少、潜在的破产风险以及资产重大损失等。

第二种定义：在各国机构和市场之间高度关联、相互渗透的环境下,第一张骨牌的倒塌可能会导致其他"多米诺骨牌"倒塌而形成一个链式的"集体倒塌"效应。国际清算银行就将系统性风险定义为"系统的一个参与者不能履约引起其他参与者违约,由此引发的链式反应导致广泛的金融困难的可能性"。该定义与考夫曼(Kaufman,1995)关于系统性风险的定义不谋而合:"一个时间在一连串的机构和市场构成的系统中引起一系列连续损失的可能性——就是说系统性风险是整个体系所引发的多米诺骨牌效应。"

第三种定义:强调了作为第三方的参与公司风险暴露的一致性,如当一个大的金融企业或非金融企业的倒闭造成巨大损失时,导致潜在的面对同一冲击的其他企业市值变动的不确定性,与最先发生危机的企业的风险暴露情形越相似,造成群体失败的可能性就越大。尼古拉斯·陈(Chan,2005)等人将系统性风险定义为由于金融市场的内部特性,某个市场主体的违约给其他的第三方市场主体带来负面效应的风险。

这些定义存在着不少冲突之处,然而无论如何,这些定义的统一之处在于系统性风险由某个触发事件引起,其会引起一连串的负面风险影响。这些反应既有金融机构层面上的,也有整个金融市场层面上的,前者表现为机构的重大损失或违约诱发的一连串风险事件,而后者表现为市场的显著波动对宏观体系的冲击。在2007年的金融危机中,雷曼、AIG等风险事件对其他金融市场的主体造成了极大的影响,最后越演越烈,酿成了整个金融系统的危机。因此,关于系统性风险的第二种定义更为贴近本书的研究。

第二节 系统性金融风险成因的理论分析

系统性金融风险的成因比较复杂,系统性危机的发生,可能是这些原因同时发挥作用的结果,也可能是部分原因发挥作用的结果。

一、金融体系的内在脆弱性①

金融体系自身存在的脆弱性,是导致系统性金融风险的成因之一,其中不仅包括金融市场和金融机构的脆弱性,还包括金融市场主体的非理性带来的内在脆弱性。

首先,金融市场的脆弱性。一方面,资本市场、货币市场和外汇市场等金融市场的资产价格的剧烈波动引发金融体系风险形成、积累和恶化。例如,当货币市场利率上升时,外国资金流入,将有可能推高资本市场资产价格甚至产生泡沫,资本的追逐还会导致本币升值,一旦资金撤出,资产价格下跌,潜在风险将转化为实际风险。另一方面,近年来金融市场同质化也加剧了系统性风险。金融市场的同质化风险是指由于随着国际金融市场向综合经营和国际化的方向发展,不同金融市场主体的思维模式、投资理念、专业技术以及金融监管标准越来越趋同,从而容易出现一致性预期和行为,这种一致性的行动作用方向相同,不但不能相互抵消,反而相互加强,产生共振效应,使得资产价格波动幅度增加、系统性风险增加。

其次,金融机构的借贷特征和结构具有内在脆弱性。高杠杆经营导致金融机构的脆弱性,加上金融机构在管理上存在的委托—代理问题,给整个金融体系带来了风险。一方面,当金融机构债务规模过大、资产负债表杠杆率过高时,资产价格的小幅下跌容易导致机构的成本损失;另一方面,金融机构的收益与其所承担的风险和责任并不对称,监管的缺失加上政府或明或暗的救助,使得金融机构无视股东和存款人权益,追求自身利润而从事高风险业务,增加了投资者的风险。明斯基则在其代表作《稳定不稳定的经济》中提出了"金融脆弱性假说",他将企业分为风险依次增加的避险企业、投资企业和庞氏企业三类,分析

① 巴曙松、朱元倩:《巴塞尔资本协议 III 研究》,中国金融出版社 2011 年版,第 157 页。

了信用创造机构特别是商业银行的内在特性使它们不得不经历周期性危机和破产浪潮的过程,而单个银行的风险又传导至整个银行体系,形成经济危机。

最后,金融市场主体的非理性行为。金德尔伯格认为,金融市场在大部分时间内是理性的,但一致的非理性行为可能导致金融危机的爆发。他进一步将整个金融危机的过程分为疯狂、恐惧和崩溃三个阶段,形象地刻画了投资者心理跌宕起伏的历程。事实上,非理性行为是普遍存在的,"非理性繁荣"与资产价格泡沫就是投资者的共同非理性预期导致的结果,在供给与需求没有发生变化的情况下,资产的价格在飞涨之后必然急剧下跌。

二、信息的不对称性

从信息经济的角度出发,金融交易中的卖方总是比买方拥有更多信息,因此,信息不对称问题在金融交易主体之间始终存在。当银行经营状况恶化时,单个储户的理性行为是当银行还有支付能力时抢先提款,造成储户信心动摇,必然会发生银行挤兑行为。银行对此却无能为力,而且金融机构之间错综复杂的债权债务关系,使得挤兑行为具有很强的传染效应,从而引发系统性金融风险,直至发生金融危机。此外,信息不对称还将导致逆向选择和道德风险,影响金融体系的正常运转,使得银行不能有效地配置金融资源。

三、实体经济的周期性波动和货币政策的调控失误

系统性风险或危机的发生可能与经济和银行系统的周期性密切相关。在经济扩张期,借贷活动活跃,金融主体逐渐进入过度负债状态,为后期的风险爆发埋下伏笔。在实体经济收缩期,借款人的财务状况恶化甚至出现破产,从而导致金融机构资产质量下降,随着这种变化,存款人和投资者的信心不足,出现存款挤提或资产甩卖,最终引发金融

体系崩溃。这也是系统性风险在时间维度和横截面维度上相互影响的表现。

货币政策的调控不当也会直接影响金融体系的稳定。弗里德曼指出金融动荡的根源在于货币政策失误,货币政策的失误导致金融风险的产生和积累,使得小范围的金融问题演变为剧烈的金融灾难。

四、共同谬误

与金融市场主体的非理性假设不同,在共同谬误的观点中,市场主体都是理性的。然而,当市场主体理性地作出类似选择时,往往造成整个系统的大幅波动,形成整体的非理性。例如,当金融机构对经济形势产生乐观的一致性判断时,银行就会选择大肆放贷,而这种过量的信贷将进一步推高经济和资产价格,同时引导市场形成一致预期,推动经济形势和资产价格走向极端,形成共同的谬误。

第三节　系统性风险的主要特征

有学者总结,系统性风险的特征可以概括为"外部性"特征、风险与收益的不对称性特征、传染性特征、损害实体经济的特征和与投资者信心有关五大特征。不同的人研究的角度不同,就会导致研究的重点特征不同,本书将会从以下四个方面进行叙述。

一、负外部性

外部性被视为系统性风险的最基本特征。在社会经济活动中,由于很多主体之间相互关联,往往一个经济主体以没有作出相应付出或得到相应回报的行为直接影响着其他经济主体。经济外部性亦称外部效应或溢出效应,它具有双面性,既可能是正面的,也可能是负面的。负的外部性是指经济主体将成本压力嫁接到外部社会的情况,正的外部性是指经济主体由于主动承担成本压力而给外部社会带来了积极效益的情况。一旦某家机构的负外部性积累到一定程度,就可能会造成系统性金融风险,这种现象就是:金融系统崩溃前,单家机构的市场行为只给金融系统带来了风险溢出效应,却没为这种风险付出任何代价。

二、传染性特征

该特征也称风险的扩散性。它指单家金融机构的倒闭会通过不同的方式影响到其他金融机构,多家机构可能出现经济困难,甚至倒闭,整个金融体系就会丧失其系统性风险中的功能。金融机构的"传染性"特征是金融系统性风险最重要、最明显的特征。

在发生系统性危机时,防止整个金融体系传染的主要方法是切断传播途径。传染性这一特征在银行业表现更为突出,因为银行间往往存在着银行间资产、银行间负债,这使得银行之间存在着极为密切的关系。如果有银行破产,就会给其他银行带来一定的影响,严重时会导致其他银行破产。且传染是多向的,A 银行倒闭能够影响到 B、C、D、E 银行,并使得 B 银行出现支付困难;但是 B 银行的破产不仅能影响到 C、D、E 银行,而且能影响到 A 银行。可见银行之间的影响是相互的。

三、风险与收益非对称性

大多数投资者认为高风险对应着高收益,即风险与收益是对称的。但金融系统性风险表现出的却是风险和收益的不对称性。从金融机构的角度来看,一旦金融机构发生危机,即面临着要崩溃的巨大风险。若它的基本功能丧失,就不会有给这个机构带来收益的可能性,也就是说一个濒临崩溃的金融系统是不可能有收益的,这就是风险发生时风险与收益的非对称性。

四、与投资者信心有关

金融系统性风险的传染在很多情况下与投资者信心直接相关。金融风险中的信用风险发挥着巨大的作用,银行的债务人,在不能偿还银行贷款时往往会选择违约,银行就会面临着信用风险。危机消息传出去后,银行的存款者就会提前支取存款,一家银行出现支付困难致使其他健康状况良好的银行客户提前支取存款,可能导致全部银行出现支付困难,银行的挤兑造成了系统性危机。该结果主要是因为投资者信心丧失。一旦投资者信心丧失,他们就会集中处理手中的资产,例如集中抛出,导致资产价格急速暴跌,进而造成市场流动性不足,最终导致金融市场系统性风险的扩散。

第四节　系统性风险的来源

系统性风险的累积容易导致金融危机,历史上数次金融危机均带来了严重的影响,这促使人们从理论和实务联手深入挖掘金融系统风险产生的原因。然而,不同时期不同条件下金融系统性风险的形成都有其独特的原因,学者们的解释亦是形形色色,不一而足。面对着如此之多的解释,其能否被规划分类,针对经济形势的变化,这些原因是否符合实际,抑或其中的哪一些能对当下形势更有说服力,是值得进一步研究的问题。综合各种研究结果,金融系统性风险的来源大致可分为以下七个方面:

一、错误的定价

许多学者在研究中指出对风险缺乏足够的认识是引发金融系统性风险的重要原因。人们在金融工具的定价过程中缺乏对风险足够的考虑,例如市场参与者可能忽略了极端风险或者灾难事件发生时对有价证券价格的影响,而市场参与者的非理性行为和投机者贪婪的套利活动导致了这些错误定价的风险进一步被放大,最终形成系统性风险。

另一方面,随着全球化的发展,国家之间、机构之间的联系日趋紧密,甚至不断涌现出一些新的联系。而某些金融工具的定价是基于这些变量之间的历史关联性,可是当重大的危机事件出现后,金融市场(如股票指数、外汇、固定收入产品)间的关联性可能也会随之发生改变。如果这种历史相关性发生了结构性的变化,金融工具的定价也会发生较大的改变,往往会超出人们的预期,从而形成了风险。

二、流动性不足

一般而言,当机构有偿债能力但暂时没有足够的流动性资产来满足短期债务的清偿,这就是流动性不足。银行和许多其他的金融机构通常都会利用一些短期的融资筹集资金,然后投资在长期的项目上,而这样就会产生期限的错配,即金融机构资产的流动性要低于其负债的流动性。在一般的情况下,金融机构的短期流动性需求可以简单预测出来,机构也可以通过卖出长期资产或通过资产抵押贷款来满足短期流动性的需求。然而在 2007 年或者更早的一些危机时期里,由于金融恐慌的出现,投资者既不愿意购买机构的资产(至少不愿意以正常的价格成交),也不愿意为这些资产提供新的贷款。在这样的情况下,尽管金融机构长期具有偿还能力(资产大于负债),如果债权人要求立即撤回资金,它们一样会陷入到危机当中。要是银行发生了这种现象,则被认为发生挤兑。更可怕的是这样的挤兑是能够传染的。挤兑一开始只发生在有问题的银行,但很有可能传染到其他健康的金融机构,因为它们一样存在着流动性期限不匹配的特性。任何一家金融机构的流动性都是有限的,当危机发生时,债权人或存款者也容易陷入恐慌,他们就会回撤所有资金,这种突然而来的情况会使本来健康的金融机构也陷入流动性不足的危机中。

三、信息不对称

金融市场的日常运转和功能实现是建立在市场有效性和信息完备的假设上,可是现实当中往往交易的一方总会比另一方拥有更多的信息。这种信息的不对称会产生逆向选择和道德风险,甚至带来了挤兑风险和传染效应。从这次发生的次贷危机来看,次级住房按揭贷款和结构化产品的兴起通过各个环节进一步加剧了信息的不对称,从而为系统性风险的积累和次贷危机的爆发埋下了伏笔。一方面,金融创新工具交易市场存在严重的信息不对称。在结构化产品的交易过程中,信息不对称被进一步放大,拥有信息优势的一方可能产生机会主义倾向,即具有信息优势的当事人为获得更有利于自己的交易条件,可能故意隐瞒某些不利于自己的信息,甚至制造一些扭曲的、虚拟的信息,在非标准的资产证券化技术下,交易者已难以识别其风险特质。另一方面,商业银行通过证券化技术将风险转移,不再有监测债务人的动机,放松了信贷标准,最终酿成了道德风险。在此情况下,投行不充分的信息披露进一步恶化了金融市场原本就存在的信息不对称问题,进一步加剧了系统性风险的积聚。

四、金融机构的高杠杆

金融机构通常通过债务进行融资经营,这就形成了杠杆。此外,杠杆也可以通过期权、期货等金融工具形成。投资者和公司能够通过杠杆扩张规模和扩大经营,然而杠杆也会带来极大的风险。当投资者选择使用杠杆进行投资时,一旦发生损失,风险会变得更大。在一般的情况下,金融机构与非金融机构相比较,有着更高的杠杆比率——也就是说,金融机构只有相对少量的资本来吸收它们面临的损失。公司通过出售股权与借款来获得营运的资金,如果一家金融机构的借款价值相当于公司总资产的95%,那么只要发生相当于5%总资产价值的损失,就会引致公司陷入偿付危机。金融机构过多的使用杠杆,高杠杆又使得金融体系变得愈加脆弱,限制了系统对风险的吸收能力,导致了金融风险的快速扩散,从而使得金融本身成为了金融危机产生的一个重要原因。

五、金融监管上的问题

20世纪70年代以来,欧美各国发起了金融自由化改革,其主要内容为放松金融管制。自由化的环境的确促进了金融业迅速发展,但却增加了整个金融体系的脆弱性。而金融创新和混业经营进一步加大了监管的难度,金融监管当局长期过于依赖银行内部评级和信用评级机构的外部评级,缺少从宏观审慎的视角对金融体系的全局风险进行监控,最终导致监管缺失酿成危机。另一方面,传统的监管制度、方法存在着明显的缺陷,资本监管、会计准则、风险计量模型等都存在着周期性的问题,而对于愈演愈烈的金融创新产品却迟迟找不到用来准确定价的方法。例如,商业银行通过证券化的技术,可以将风险资产从资产负债表中转出,从而规避资本充足率的管制。与此同时,由于相关资产证券化的发起人是商业银行,证券交易委员会也没有权力介入对此类证券的监管。证券化将信贷风险由信贷市场转移到资本市场,但由于两个市场间的监管体系是彼此分割的,从而难以识别和控制这种风险。金融监管的不充分、低效率和监管"死角",尤其缺乏对结构化金融衍生工具的有效监管,使得金融机构和金融创新过度暴露于风险当中,成为了次贷危机中金融失衡不断加剧的重要原因。

六、金融机构规模太大诱发系统性风险

金融机构规模过大也是诱发系统性风险的原因之一。金融风险在一定条件下会快速聚集,例如高风险借贷人的按揭贷款总量的迅速增长,可能会在更广的经济领域里形成系统性风险。大型金融机构的资

产规模较大,在金融市场上占据显著的份额,与其他金融机构业务头寸来往频密。当这些足以占据一个市场的大型金融机构出现危机时(如流动性危机,即表现为明显的清偿能力不足),市场上也难以找到合适的替代者,其倒闭会给其他连带金融机构和金融市场带来冲击,并可能导致整个金融体系的不稳定,因此也才有了"太大而不能倒"这个说法。

七、金融机构之间联系过于紧密

随着现代经济的发展,生产的国际化及各个行业领域依存度的不断提升,金融机构之间联系也日趋紧密,这集中表现在机构间越来越多的业务来往、互相持有对方的金融头寸,通过这样的方式来获得资金来源、流动性甚至风险的分担。但也正因为有了太多的来往,当一家金融机构发生危机时很容易牵连到许多其他的金融机构。当全面的危机发生以后,金融机构之间变得不能相互信任,机构间的交易行为也大大减少,最终影响了整个金融系统的融资功能。

上述的这些原因之间存在密切的联系,并非相互独立的存在。在国际金融危机中,上述的原因可能同时作用,并且相互渗透,使得系统性风险迅速扩散。

第五节　系统性风险传染分析

金融机构的经营业务和类别不同,使得其面临的风险也不同,形成系统性风险的传染途径也不同。

一、商业银行系统性风险传染分析

在过去几十年里,大多数国家中银行主导了金融体系,对于银行系统性风险传染的研究也相对较多。银行间往往存在着密切而又复杂的债权债务关系,使得银行具有很强的传染性,一般来说银行的系统性风险传染可以划分为两大主要途径,一个是信息途径,一个是实际业务途径。实际业务途径主要与通过银行间市场的风险暴露或支付体系可能引发起的"多米诺效应"有关。金融体系内各个金融机构之间是以信用链相互依存的。如果一家机构的清偿能力出现困难,不仅仅会影响到与之有直接联系的机构,还会影响到整个金融体系,少数机构的失败会像滚雪球一样越变越大,直至酿成金融体系的危机。而信息途径主要是由信息不对称引发的传染性挤兑造成的。银行风险能够通过信息渠道传染的原因在于,信息不对称会使得债券人难以识别健康银行与非健康银行,倘若大量银行或者某一大型银行的流动性清偿能力出现下降并被察觉,则存款者和其他的债权人会对银行失去信任,纷纷从银行提走现金。在"羊群效应"的加速作用下容易形成挤兑,而这种挤兑的情况最终会传染到有清偿能力的健康银行,导致整个银行体系的困境。在如此情况下,少数银行的挤兑演变成为整个银行系统的困境,银行流动性需求增加,而存款数量与货币总量(存款准备金制度,货币供应会成倍减少)急剧减少,迫使银行将非流动资产进行变现来满足提现需求。在这么一个过程中,银行遭受到资产损失,当损失超过资产净值时,就可能导致有清偿能力的银行也陷入失败危机中,使整个银行体系遭受到系统性风险的冲击。

二、投资银行系统性风险传染分析

投资银行在系统性风险传染过程中也扮演着部分重要的角色,证券市场上资产价格的极端变化成为了风险最直接的表现。尽管学者们曾经对一些偶尔发生金融市场崩溃的影响进行了分析,但对系统性事件中出现的风险传染作用尚未有充分的研究,应该说,投资银行领域是金融系统性风险研究的一个难点。以雷曼为代表的投资银行与传统的银行(如J.P.摩根、花旗集团)不同,它们自有资本少,资本充足率较低,而且使用了较大的杠杆,当发生亏损的时候,损失也是按杠杆率成倍放大。投资银行也因此变得特别脆弱,使得金融系统性风险非常容易从这积累起来。与银行的情况相类似,投资银行之间可能相互持有对方的资产负债头寸,形成信用链条的一个环节,系统性风险可能由此而发生传染。同时,投资银行也会发生类似于银行"挤兑"的现象,例如雷曼陷入危机时,大批客户处于恐慌情绪,取消和终止了在雷曼的业务,在"羊群效应"的驱使下,这样的风险会传染到其他本来运行良好的投行。

但就投资银行而言,更关键的是它与其他类别金融机构的风险传染关系。美国的金融体系以金融市场为主导,投资银行(做市商)在金融市场中扮演着极其重要的角色。为转移长期持有资产(包括次级贷款)的风险,银行通过证券化技术将次级贷款及其他贷款组合整合成各种结构化产品并销售出去。而投资银行购入这些结构化产品后将重新包装以及提升信用评级,然后再把产品卖回到商业银行、其他投资银行、保险公司及基金公司。通过如此一个过程,银行原本需转移的次贷风险被投资银行接收、积累并放大,然后再重新转回到银行本身,甚至是保险公司、基金公司等。也正是通过投资银行的业务,不同类型的金融机构资产负债表的关联度不断提高,系统性风险也随之积聚起来,并且通过这些金融机构紧密联系而成的金融网络发生传染。

另外,风险事件的发生(如大型机构倒闭或某资产价格急剧下降)可能会增加市场主要参与者(尤其是做市商之间)的交易能力不确定性,在逆向选择下,各种交易的金融工具的流动性枯竭。如做市商为了避免损失或不进行交易,金融工具的报价就会增大买卖差价,这种流动性"冻结"会对所有的金融机构产生更严重的系统性冲击。

三、保险业系统性风险传染分析

从传统的观点来看,保险行业更多地受自身特有风险危害,如承保风险、准备金风险、而非系统性风险,具有一定的独立性(即与其他金融机构的非关联性),这也是保险吸引投资者的重要原因。然而,这回AIG 集团的信用评级下调、流动性出现危机,凸显了保险业本身的系统性风险仍然不可小觑。公开信息显示,当危机发生时 AIG 的保险业务仍然处于相对正常的水平,数位监管者都曾表示该集团的偿付能力是充足的。但监管者忽视了金融机构混业经营模式及涉足金融衍生工具领域所带来的系统性风险。从 AIG 的危机事件不难发现,风险是来自于一系列信用违约互换(CDS)等金融衍生工具的交易损失,以及流动性缺乏导致的额外信贷成本。AIG 通过 CDS 业务无限地为一些债务提供偿债担保,而承保者(银行、投资银行甚至是对冲基金)通过支付一定的保险费用将自身所承担的这些风险转移到 AIG 公司。这些偿债担保都是建立在信用评级上,当借贷人无力偿还借贷款时,债务的负担自然就落到 AIG 身上。背负沉重的债务负担,导致严重的流动性不足,资金周转失灵,融资十分困难,股票价格也相应下降,AIG 亦只能选择违约。因此,从这一个层面上理解,AIG 并不是平常所认为的金融系统中的受害者,而更像是金融系统性风险的主要源公司也会发生类似的风险事件,使得该公司的股票价格暴跌。

第七章　系统性风险及边际风险贡献度量

系统性风险的预警模型从宏观和微观的经济指标入手对系统性风险发生的可能性进行了刻画,并用这些指标作为自变量对市场的金融指数进行了预测分析,但是这些研究思路忽视了系统内实际业务间交叉覆盖部分的累加会导致错误的结果,特别是对体系间关联性度量的缺乏,导致其不能完全测量系统性风险。

第一节　系统性风险度量的研究现状

2007—2009 年的国际金融危机的教训表明,金融机构的行为及其产生的金融风险均具有明显的外部性。金融机构出于自身风险与收益最优匹配的竞争性决策结果,对于整个社会来说也许并不是最优的选择。譬如,虽然单个金融机构通过扩大其资产负债表以及表外业务规模和杠杆率来增加利润,并通过金融创新等手段控制了自身风险,但是整个金融体系内的风险并没有因此而消失,只是发生了转移与重新分配。随着金融机构资产负债表以及表外业务规模和杠杆率的增大,系统性风险在金融体系内不断积聚。为此,由于金融机构行为的外部性,单个金融机构健康并不意味着整个金融系统势必安全,由美国次贷危机引发的这次国际金融危机便是一个很好的例证。此外,尤为重要的是随着现代金融业的不断发展,金融机构相互之间的网络关联程度通过各种纽带不断增强并日趋复杂,单个金融机构一旦发生危机,其个体风险将通过资产负债关联、投资者非理性的羊群效应以及市场预期等形式迅速传染给其他金融机构,使金融机构风险的外部性影响进一步被放大,甚至对整个金融系统造成灾难性的破坏和巨大的系统性损失,并严重危害整个经济社会的稳健与顺利运行。

此次国际金融危机爆发后,相关国际组织、各国监管当局与学者们广泛认识到金融机构风险所具有的外部性特征对金融系统稳定与安全的危害,以及由此引发的一系列金融监管问题,并对金融机构风险外部性的原因从理论上进行了广泛的阐释。

解决金融机构的风险外部性问题,一个重要的途径是根据金融机构风险的外溢程度或对系统性风险的贡献程度征税或者提出额外的监管要求,如额外资本要求等。金融机构为了减少税赋支付,在行为决策时将不得不考虑其风险导致的外部性问题,从而使得金融机构的风险外部性将被内部化。上述监管制度的设计与实施,一个首要解决的问题是准确测度单个金融机构风险对整个金融系统的影响,即危机后被广泛关注的单个金融机构对系统性风险贡献程度。然而,此次国际金融危机爆发前,各国金融机构、金融监管当局以及学者们在测度金融机构风险时,大多只是孤立地考察单个金融机构公司层面的风险,忽视了对系统性风险贡献程度的足够重视。

这次国际金融危机后,金融机构对系统性风险贡献程度测度的研究,已成为全球金融监管改革的重要内容之一。鉴于传统测度方法的缺陷,危机爆发后,监管当局和学者们提出了一系列测度系统性风险和单个金融机构边际风险贡献的方法,这些方法主要可以分为以下两大类。

第一类是基于金融机构之间实际资产负债关联的网络分析法(Network Analysis Approach)。网络分析法利用银行间的双边资产负债敞口,通过模拟银行网络体系中单个或多个银行作为系统性风险诱发因素导致的银行破产数量、破产损失以及诱发系统性危机的难易程度,衡量银行体系的传染风险,以及单个银行对银行部门的系统性风险贡献和相对系统重要性程度。在网络分析法中,主要是利用实际的银行间资产负债数据估计银行之间的双边关联度,因此该方法主要用来测度银行部门的系统性风险、单个银行的系统重要性以及对系统性风险的贡献程度。此外,在实际应用中除了少数国家(意大利、匈牙利、墨西哥)外,银行之间的实际双边敞口数据一般难以获得,因此现有关于银行间风险传染的研究,主要是利用最大熵方法通过可以观察到的单个银行的银行间资产和负债来估计银行之间的双边关联度,但数据的难以获得使该方法的实用性降低。

第二类是利用金融市场数据(包括金融机构的股票价格、信贷违约互换、CDS 价差等)的简式法(Reduced-form Approach)。基于市场数据的简式法主要具有以下几种优势:一是由于金融机构的资产价格变化反映了市场对其未来表现的预期,故采用市场数据更具有前瞻性;二是基于金融市场数据的方法更具有时效性,能够及时反映金融部门系统性风险在时间维度上的变化状况,有利于及时进行风险控制与监管;三是金融市场数据相对容易获得。因此,在此次危机后,基于金融机构股票收益率等金融市场数据的系统性风险测度方法受到了学术界和监管当局的广泛青睐。简式法主要可以分为两种:第一种方法是通过考察金融机构股票收益率的相关性变化,来衡量金融部门的系统性风险。该方法虽然能够识别系统性风险变化状况,但是难以用来衡量单个金融机构对整个金融系统或其他金融机构的风险贡献程度。第二种方法主要通过金融机构资产收益在统计上的尾部行为(Statistical Tail Behavior)来测度系统性风险以及金融机构对整个金融系统或其他金融机构的风险贡献程度(或风险外溢性),该方法又可以分为"自下而上(Bottum-Up)"和"自上而下(Up-Bottum)"分析法。"自下而上"分析法以单个金融机构的破产为条件来估计整个金融系统的系统性风险,这类方法主要包括艾德里安和布伦纳迈尔(Adrian 和 Brunnermeier, 2009)基于风险价值(VaR)提出的条件风险价值(CoVaR)等。条件风险价值(CoVaR)方法,虽然能够测度金融机构对整个系统的风险贡献, 并能很好地反映整个金融网络间的风险溢出效应,但是由于条件风险价值(CoVaR)在测度系统性风险和单个金融机构的边际风险贡献时, 与风险价值(VaR)一样仍然只考虑损失分布的 α 分位数,因而不能很好地捕捉条件风险价值(CoVaR)门限值以下极端情况下的尾部风险, 并且不具有可加性,也就难以通过单个金融机构的风险贡献加总来估计整个金融系统所面临的系统性风险。"自上而下"分析法先推导出系统性风险,然后通过某种分配方式将此系统性风险分配给单个金融机构,如阿查里雅等(Acharya 等,2010)基于期望损失(ES)提出的系统性期望损失(SES)和边际期望损失(MES)方法。系统性期望损失(SES)和边际期望损失(MES),不但度量了门限值(损失分布的 α 分位数)以外的所有损失,而且具有可加性,很好地解决了条件在险价值(CoVaR)存在的问题,而且考虑了金融机构杠杆率对系统性风险和金融机构的边际风险贡献的影响,并基于微观经济理论模型和极值理论证明了可以通过未发生金融危机时各金融机构的边际期望损失和杠杆率,预测发生系统性金融危机时金融机构对整个系统的边际风险贡献, 更重要的是该方法与宏观审慎监管理论很好地吻合,监管当局可以通过加强对那些边际风险贡献和杠杆率大的金融机构的有效监管,实现减少系统性风险和防范金融危机爆发的监管目的。

第二节　基于双边风险敞口的测量方法

一、矩阵模型法

矩阵模型法认为银行间存在信贷关联,一家银行的倒闭势必给其他银行带来流动性冲击,如果损失额超过一级资本,该银行就会倒闭,对其他银行产生冲击,最终导致系统性风险的发生。该方法是根据一家银行倒闭所带来的其他银行倒闭的数量,来估计系统性风险传染的程度。

步骤 1 构建风险暴露矩阵

银行间复杂的业务,使得其他银行由于单家银行的倒闭受到冲击,若某银行的损失大于其资本总额,那么该家银行就会失败,并影响其他银行的偿付能力,最后可能会导致系统性风险。因此对银行系统性风险传染进行测度时,首先要考虑的是银行间风险暴露的数量及特征,即构造银行间的风险暴露矩阵。

假定银行系统共有 N 家银行,x_{ij} 表示银行 i 直接存放于银行 j 的资产头寸 $(i,j=1,2,\cdots,N)$,则 N 家银行同业的拆放关系可以表示为一个 $N\times N$ 矩阵

$$
L=\begin{pmatrix} x_{11} & x_{12} & \cdots & x_{1N} \\ x_{21} & x_{22} & \cdots & x_{2N} \\ \vdots & \vdots & \cdots & \vdots \\ x_{N1} & x_{N2} & \cdots & x_{NN} \end{pmatrix} \begin{matrix} a_1 \\ a_2 \\ \vdots \\ a_N \end{matrix} \qquad (7.1)
$$
$$
\begin{matrix} l_1 & l_2 & \cdots & l_N \end{matrix}
$$

其中 a_i 表示银行 i 存放同业和拆出资金的总和,l_j 为银行 j 负债总额,且 $a_i=\sum_{j=1}^{N}x_{ij}$,$l_j=\sum_{i=1}^{N}x_{ij}$,因此 $\sum_{i=1}^{N}a_i=\sum_{j=1}^{N}l_j$ 。由于银行 i 不参与自身的业务往来,也就是说在同业资产核算中,如果包含银行 i 持有银行 i 自身的资产,与实际不符。所以,当 $i=j$ 时,令 $x_{ii}=0(i=1,2,\cdots,N)$,即此时矩阵 L 的主对角线上的元素全部为零,称 L 为银行间的风险暴露矩阵,也称为双边敞口矩阵。银行间的双边敞口矩阵主要来源于银行同业市场和衍生品场外交易,由于金融机构的实际双边敞口数据是机密性数据,因此极难获取,通常可以通过以下方法得到。

要估计矩阵 L ，需先找到一个矩阵，使该矩阵尽可能多地反映银行间的交易信息，且每家银行对其余银行的债权债务关系尽量分散。假设银行业的市场结构是完全的，构造矩阵：

$$L^* = \begin{pmatrix} x_{11}^* & x_{12}^{'*} & \cdots & x_{1N}^* \\ x_{21}^* & x_{22}^* & \cdots & x_{2N}^* \\ \vdots & \vdots & \cdots & \vdots \\ x_{N1}^* & x_{N2}^* & \cdots & x_{NN}^* \end{pmatrix} \begin{matrix} a_1 \\ a_2 \\ \vdots \\ a_N \end{matrix}$$
$$\quad\quad\quad l_1 \quad l_2 \quad \cdots \quad l_N$$

其中，$x_{ij}^* = a_i \times l_j$ ，且 $x_{ii}^* = 0, i = 1, 2, \cdots, N$ 。

由 L^* 构造及矩阵的性质可知 $\sum_{i=1}^{N} a_i = \sum_{j=1}^{N} l_j$ 。构建矩阵 L ，使得 L 中的所有元素与矩阵 L^* 中对应元素最为接近，则可以通过下面两种方法得到。第一种方法是最小二乘法，使得 L 中的元素与 L^* 中对应元素差的平方和最小，即：

$$\min \sum_{i=1}^{N} \sum_{j=1}^{N} (x_{ij} - x_{ij}^*)^2$$

使得：

$$\sum_{j}^{N} x_{ij} = a_i, \sum_{i}^{N} x_{ij} = l_j,$$
$$x_{ij} \geq 0, x_{ii} = 0, i, j = 1, 2, \cdots, N \quad\quad (7.2)$$

第二种方法是最小相对熵法：

$$\min \sum_{i=1}^{N} \sum_{j=1}^{N} x_{ij} \ln \left(\frac{x_{ij}^*}{x_{ij}} \right)$$

使得：

$$\sum_{j}^{N} x_{ij} = a_i, \sum_{i}^{N} x_{ij} = l_j,$$
$$x_{ij} \geq 0, x_{ii} = 0, i, j = 1, 2, \cdots, N \quad\quad (7.3)$$

利用上述两种方法求解均可得到银行间双边风险敞口矩阵 L 。

步骤 2   确定银行系统性风险传染机制

构造了银行间风险暴露矩阵 L 后，需对银行间风险传染进行分析。

假定某银行在现有的偿还能力下,能够承受其债权银行提取存款,那么该银行就不会倒闭;否则,面临失败,且变成风险的源头。银行的失败使其不能全额归还其债权银行的资产,使得该债权银行的偿付能力遭到削减。如果该债权银行不能全额支付债务,那么就会受到先前失败银行的影响而倒闭。银行可用于清偿债务的资金由两部分组成,一是存放于其他银行的资产,二是可用于清偿债务的资本,即所有者权益(CAP)。

风险传染过程如下:在某外生冲击的作用下,假定银行 i 失败,由于银行 i 的失败,使得其对应的银行 j 的负债 x_{ij} 不能全部偿还,银行 j 的损失为 θx_{ij},其中 θ 为损失率,则银行 j 的净资本变为 $v_j = c_j - \theta x_{ij}$,如果 $v_j < 0$,则表示银行 i 的失败引发了银行 j 的失败,即银行 j 被传染。在上述传染过程中,令 $d_1 = (0,0,\cdots,0,1,0,\cdots,0)'$,$d_1$ 中只有第 i 个元素为1,其余均为零,则第一轮冲击下整个银行系统的净资本为:

$$v^1 = c - \theta \times L \times d_1 \tag{7.4}$$

若某家银行对应的 v^1 中的元素小于零,表示其受到传染失败了,v^1 中小于零的元素的个数表示系统在遭受银行 i 失败的冲击下受到传染的银行的总数。重复上述过程,重新构造一个新的向量 d_2,该向量中元素1的个数等于失败的银行的个数,则:

$$v^2 = c - \theta \times L \times d_2 \tag{7.5}$$

重复上述过程,直到 v 中元素出现的负数位置不变或者全部元素均小于零为止。多个银行失败的传染过程和单个银行类似。

由上述传染机制的分析可知,当 $a_i < c_i$ 时,即使银行 i 的所有债权都不能收回,且银行的损失率 $\theta = 1$,银行 i 也能抵御冲击而不能被传染。

银行间矩阵模型是应用较广的测量银行体系系统性风险的模型,其优点在于数据容易获得,操作简单,能够基于银行间支付体系准确测量由于相互持有资产而导致的系统性风险大小。但缺点在于,它测量的是银行间存贷业务导致的风险,前提假设是,银行间的风险通过信贷渠道传染。随着金融市场的发展,衍生产品不断创新,银行间持有资产形式虽然以存款方式表现,但是对于由衍生资产及其他权益类资产导致的资产减值形成的系统性风险的测量,该模型则无能为力。同时模型在至少一家银行发生倒闭条件下计算受传染银行个数,没有对第一个银行发生倒闭的诱导因素进行定量分析。

二、网络模型法

网络模型法的主要思想是,在银行间市场上存在一个或者几个银行间交易的中心点,这些中心点与银行间市场上的多家银行进行交易,所以存在潜在的传染渠道。网络模型主要通过银行间交易数据建立网络分析法,并使用网络分析法将所有银行归类为不同的网络结构,然后根据银行间市场的网络结构,利用模拟法测算银行网络潜在的系统性风险。

网络模型法最早被艾伦和盖伦(Allen 和 Gale,2000)用于研究银行间通过市场传染的金融风险。艾森伯格和诺亚(Eisenberg 和 Noe,2001)利用银行间市场的机构数据建立了一个银行系统网络模型,并提出了一个银行间市场出清算法来计算系统性风险。埃尔辛格和雷哈尔(Elsinger 和 Lehar,2006)和艾克曼等(Aikman 等,2009)用网络模型来描述澳大利亚和英国的银行系统,计算了系统性风险和每个银行的系统重要性。

建立银行间网络模型的首要任务是根据银行间网络的形状,首先要确定银行所在网络的中心银行。确定网络中的中心银行后,便可以利用模拟法测量银行间系统相关性及银行网络的系统性风险大小。模拟情景分两种,一种假设金融机构之间的风险只通过信用风险渠道传染,不存在流动风险,银行不必通过降价出售资产来补充流动性,另一种假设在信用风险冲击下,流动性不足的银行并不能立即得到其他银行的贷款,而有可能降价变现部分资产以补充流动性。

网络模型法与矩阵法的区别在于,矩阵法基于独立概率分布假设,通过信息熵最大化计算得出可能发生倒闭的银行,以此类推最终倒闭的银行总数;网络模型法则在根据中心银行将银行分类后,从"信用传染渠道"和"信用与融资传染渠道"两方面对网络中的每个银行依次模拟。矩阵法的实施更为简单,网络模型则考虑得更为全面。

模型假定一个银行网络中有 N 家银行,且银行间资产负债表有如下关系:

$$\sum_j x_{ji} + a_i = k_i + b_i + d_i + \sum_j x_{ij} \tag{7.6}$$

其中,$i,j \in [1,N]$ x_{ji} 表示银行 j 对银行 i 的贷款额度,a_i 表示银行 i 的其他资产总和,k_i 表示银行 i 的资本,b_i 为银行 i 欠银行 j 的长期借款,d_i 为银行 i 的存款。为测量信用风险冲击对银行网络的影响,假设 N 家银行中每一个分别发生信用违约,然后考察银行体系的多米诺骨牌效应。假设违约损失率为参数 λ ,当发生违约时,银行 h 的资产负债表变为:

$$\sum_j x_{ji} + a_i - \lambda x_h i = (k_i - \lambda x_{hi}) + b_i + d_i + \sum_j x_{ij} \tag{7.7}$$

当 $k_i - \lambda x_{hi} < 0$ 时,银行 h 将资不抵债。假设其他银行不能将所有与 h 银行有关的资产全部转移出去,银行 i 能够转移一定比例(设为 $1 - \rho$),因此银行 i 需将 h 的资产被迫降价销售(即市场价格低于面值),因此银行 i 被迫出售的资产额度为 $(1 + \delta)\rho x_{ih}$,此时银行 i 的资产负债表可表示为:

$$\sum_j x_{ji} + a_i - (1+\delta)\rho x_{ih} = (k_i - \delta x_{ih}) + b_i + d_i + \sum_j x_{ij} - \rho x_{ih} \tag{7.8}$$

其中,参数 δ 反映资本市场压力大小,δ 越大表明市场压力越大,需要变现的资产更多。显然在需要降价变现资产情况下银行破产概率更大。通过模拟计算每个网络中破产银行的数量可判断系统性风险大小。

同样是基于银行间的双边风险敞口数据,网络模型的优点在于将系统性风险的传染与银行间的实际交易相联系,避免了只分析银行数据而未对银行间业务进行考察所带来的分析上的失误,同时也方便了监管,监管者能够跟踪到网络中首个发生违约的银行,进而对其进行监管,防止风险进一步传染。其缺陷在于模型未对系统性风险诱导因素的发生做定量描述。

第三节　单个金融机构的边际风险贡献

根据研究,单个银行对系统性风险的边际贡献等于在危机发生情景下银行违约导致的期望损失,每一家银行边际贡献加总后得到整个系统性风险,因此可以通过度量单个金融机构的边际贡献来度量整个系统性风险。

假设金融系统由 N 个机构组成,整个系统的收益 R 可以表示成单个金融机构的收益 r_i 的加权和,即 $R = \sum_{i=1}^{N} y_i r_i$,其中 y_i 为第 i 个机构占整个系统的权重,所以在 $1 - \alpha$ 置信水平下整个系统的期望损失示为:

$$ES_\alpha = - \sum_{i=1}^{N} y_i E[\, r_i \mid R \leqslant - VaR_\alpha \,] \tag{7.9}$$

式(7.9)中对 y_i 求导,即可得到第 i 个金融机构对整个系统的风险边际贡献为:

$$MES_\alpha^i \equiv \frac{\partial ES_\alpha}{\partial y_i} = - E[\, r_i \mid R \leqslant - VaR_\alpha \,] \tag{7.10}$$

MES_α^i 衡量的是不发生危机时市场表现最差的 α 情况下,第 i 个金融机构对整个系统的边际贡献,如 α 取 5%,记为 $MES^i_{5\%}$,即 $MES^i_{5\%}$ 表示没有危机时,市场最差 5% 状态下第 i 个金融机构的边际贡献。

设 a_i 和 w^i_1 分别表示第 i 个金融机构的总资产和第 1 期的资本,则整个系统的总资产 A 和整个系统第 1 期的总资本 W_1 可以分别表示为

$$A = \sum_{i=1}^{N} a^i \text{ 和 } W_1 = \sum_{i=1}^{N} w^i_1 \text{。}$$

假设当整个系统总资本小于总资产的比例 z 时为出现系统性危机,即当 $W_1 < Az$ 时,认为发生系统性危机。定义第 i 个金融机构的系统性期望损失(SES^i)等于系统出现危机时机构的权益资本 w^i_1 低于资产比例($a^i z$)的数量,即:

$$SES^i = E[a^i z - w^i_1 \mid W_1 < Az] \tag{7.11}$$

显然 SES^i 测量了发生系统性危机时第 i 个金融机构对整个系统期望损失的边际贡献。

假设第 i 个金融机构的总资产 a^i 为 $a^i = \sum_{j=1}^{J} x^i_j$,其中,$x^i_j$ 表示银行 i 投资于第 $j(j = 1, 2, \cdots, J)$ 项可行性资产的资金数量。记 w^i_0 表示银行 i 的期初权益资本,b^i 表示第 i 个金融机构的负债,则第 i 个金融机构的总资产为 $w^i_0 + b^i = a^i$。假设 r^i_j 表示第 i 个金融机构投资于资产 j 所获得的收益率,$\hat{y}^i$ 表示未发生系统性危机前第 i 个金融机构的收入,则 $\hat{y}^i = \sum_{j=1}^{J} r^i_j x^i_j$。用 ϕ^i 表示发生系统性危机时第 i 个金融机构所需的成本,则发生系统性危机时第 i 个金融机构在 1 时期的总收入为 $y^i = \hat{y}^i - \phi^i$,其中系统性危机时的成本 ϕ^i 由发生危机前的收入 $\hat{y}^i$ 与未偿债务的账面价值 f^i 决定,即 $\phi^i = \Phi(\hat{y}^i, f^i)$。给定约束条件 $\Phi(\hat{y}^i, f^i) < \hat{y}^i$,使得 $y^i > 0$,以使债务能够清偿。则当发生系统性危机时,第 i 个金融机构债务的偿还方式为:

$$b^i = \alpha^i f^i + (1 - \alpha^i) E[\min(f^i, y^i)] \tag{7.12}$$

当 $f^i < y^i$ 时，第 i 个金融机构收入正好抵债，不需政府承担；当 $f^i > y^i$ 时，第 i 个金融机构收入不能够偿还其债务，需要政府偿还所保证的比例 α^i，以保证债务人减少损失。则第 i 个金融机构在 1 时期的权益资本 w_1^i 为 $w_1^i = \hat{y}^i - \phi^i - f^i$，第 i 个金融机构在发生系统性危机时的期望损失为 $ES^i \equiv -E[w_1^i \mid w_1^i < 0]$。由于第 i 个金融机构的系统性风险为 $SES^i \equiv E[za^i - w^i \mid W_i < zA]$，其中 z 也可以表示为监管机构规定的第 i 个金融机构总资本占总资产的最低比例。将上式变形为：

$$\frac{SES^i}{w_0^i} = \frac{za^i}{w_0^i} - 1 - E\left[\frac{w_1^i}{w_0^i} - 1 \mid W_1 < zA\right] \tag{7.13}$$

由于 $\dfrac{w_1^i}{w_0^i} - 1 = \dfrac{w_1^i - w_0^i}{w_0^i}$ 反映了第 i 个金融机构权益收益率，由 (7.9) 可知边际期望损失：

$$MES_\alpha^i \equiv -E\left[\frac{w_1^i}{w_0^i} - 1 \mid I_\alpha\right] \tag{7.14}$$

其中 I_α 表示 $R \leqslant -VaR_\alpha$。

由于我们假设的系统性危机发生时的情况 $W_1 < zA$ 是一种极端尾部事件，这种情况发生的时间间隔是十年一次或两次乃至更少，因此在设定的时间段中，更多观察到的是正常尾部事件。这就是说，应该将边际期望损失定义为当市场情况较差的时间段，即 $R \leqslant -VaR_\alpha$ 的天数。基于这些事实，定义出了第 i 个金融机构在市场情况较差那些天（也就是总时间段中市场收益的后 α 的那些天）的纯收益率的相反数为第 i 个金融机构的边际期望损失。监管机构需要用这些市场情况较差的后 α 的天数的 MES^i 来预测真正发生金融危机时第 i 个金融机构的期望损失情况，即用 MES^i 来预测 SES^i。

下面需要用极值理论将市场较差的情况 I_α 与极端尾部情况建立

联系。第 i 个金融机构在资产 j 中的收益 $r_j^i = \eta_j^i - \delta_{i,j}\varepsilon_j^i - \beta_{i,j}\varepsilon_m$，其中，$\eta_j^i$ 服从瘦尾分布，ε_j^i 和 ε_m 服从独立标准的尾指数为 ζ 的幂律分布。瘦尾指标捕获的是正常的每天的变化，而幂律法则解释的是大事件，包括独立同分布的 ε_j^i 和积累分布的 ε_m。因为幂律法则在尾部中起主导作用，可以得到以下性质：r_j^i 的 VaR 在 α 水平下为 $VaR_\alpha^{i,j} = (\delta_{i,j}^\zeta + \beta_{i,j}^\zeta)^{\frac{1}{\zeta}}\alpha^{\frac{-1}{\zeta}}$，且相关的期望损失 $ES_\alpha^{i,j} = \dfrac{\zeta}{\zeta-1}VaR_\alpha^{i,j}$；事件 I_α 和（$W_1 < zA$）的相关性是由市场系统冲击 ε_m 的最差 α 天数的期望损失的 $\bar{\varepsilon}_m^\alpha$ 和系统性期望损失的 $\bar{\varepsilon}_m^S$ 中的关键值决定的，并且可以将相对严重程度定义为 $k = \dfrac{\bar{\varepsilon}_m^S}{\bar{\varepsilon}_m^\alpha}$。

由于

$$w_1^i - w_0^i = \sum_{j=1}^J r_j^i x_j^i - \phi^i - f^i - w_0^i \tag{7.15}$$

因此

$$MES_\alpha^i = \sum_{j=1}^J \frac{x_j^i}{w_0^i}E[-r_j^i \mid I_\alpha] + \frac{E[\phi^i \mid I_\alpha]}{w_0^i} + \frac{f^i + a^i - b^i}{w_0^i} \tag{7.16}$$

又因为 $E[-r_j^i \mid I_\alpha] = \beta_{i,j}\dfrac{\zeta}{\zeta-1}\bar{\varepsilon}_m^\alpha$，因此

$$E[-r_j^i \mid W_1 < zA] = \beta_{i,j}\frac{\zeta}{\zeta-1}\bar{\varepsilon}_m^S = kE[-r_j^i \mid I_\alpha] \tag{7.17}$$

由（7.13）和（7.16）可得

$$1 + \frac{SES^i}{w_0}$$

$$= \frac{za^i}{w_0^i} - E\left[\frac{w_1^i}{w_0^i} - 1 \mid W_1 < zA\right]$$

$$= \frac{za^i}{w_0^i} + \sum_{j=1}^J \frac{x_j^i}{w_0^i}E[-r_j^i \mid W_1 < zA] + \frac{E[\varphi^i \mid W_1 < zA]}{w_0^i} + \frac{f^i + a^i - b^i}{w_o^i}$$

因此,在幂律分布假设下由(7.17)可得

$$1 + \frac{SES^i}{w_0^i} - kMES_\alpha^i = \frac{(z + 1 - k)a^i}{w_0^i} +$$

$$\frac{E[\phi^i \mid W_1 < zA] - k \cdot E[\phi^i \mid I_\alpha]}{w_0^i} + (1 - k)\frac{f^i - b^i}{w_0^i}$$

整理可得

$$\frac{SES^i}{w_0^i} = \frac{(z + 1 - k)a^i}{w_0^i} - 1 + kMES_\alpha^i + \Delta^i \tag{7.18}$$

$$\text{其中}\,\Delta^i \equiv \frac{E[\phi^i \mid W_1 < zA] - k \cdot E[\phi^i \mid I_{5\%}]}{w_0^i} - \frac{(k - 1)(f^i - b^i)}{w_0^i},$$

$\frac{a^i}{w_0^i}$ 是杠杆率(LVG)。通过式(7.18)可以知道不发生危机时杠杆率和边际期望损失较大的机构,在危机期间对整个系统的边际风险的贡献也比较大。

为了验证不发生危机时市场表现最差的 α 状况下,边际期望损失较大、杠杆率较高的机构,是否在系统危机期间对系统的边际风险贡献也较大,利用(7.18)可以建立如下模型:

$$\frac{SES^i}{w_0^i} = \alpha_0 + \alpha_1 LVG + \alpha_2 MES^i + \varepsilon \tag{7.19}$$

SES^i 是系统危机时机构 i 的系统性期望损失,LVG 是杠杆率,大小等于总资产/权益,ε 是误差项并且服从正态分布。

第四节　实证分析

利用我国金融市场的数据对金融系统的系统性风险传染和度量进行研究。

一、基于双边敞口的矩阵模型法研究

下面将 2005 年和 2009 年度的 4 家大型商业银行、8 家股份制银行共 12 家银行作为研究对象,2005 年和 2009 年相关数据来自各银行的年报。

表 7-1　2005 年和 2009 年主要银行风险头寸和核心资本

银行编号	银行名称	银行间资产①		银行间负债②		核心资本（所有者权益）	
		05	09	05	09	05	09
1	中国银行	344537	385043	345233	443212	252970	503011
2	农业银行	35562	34467	70433	296140	79607	338371
3	工商银行	132162	164595	232910	935399	255586	586431
4	建设银行	190108	93847	164524	785452	284290	491452
5	招商银行	41284	49461	40098	71871	23615	88273
6	华夏银行	7365	29816	21427	88346	9991	29553
7	交通银行	170101	74367	84094	126914	72217	154489
8	浦发银行	14300	160089	20999	135259	14596	65184
9	民生银行	16902	57007	33893	80978	15281	88694
10	兴业银行	19074	56049	65833	238776	12115	56663
11	中信银行	49002	59972	48229	171571	21112	101527
12	深发展	10043	15278	10469	61278	4885	19854

利用 MATLAB 2009,利用最小二乘方法得到 2005 年 12 家银行间双边风险敞口矩阵:

---

① 银行间资产=同业存放+同业拆出资金
② 银行间负债=存放于同业+拆入资金

$$L = \begin{pmatrix} 0 & 28602 & 70043 & 75021 & 21701 & 11677 & 49346 & 12446 & 16674 & 25206 & 25154 & 8666 \\ 22872 & 0 & 10851 & 1838 & 0 & 0 & 0 & 0 & 0 & 0 & 0 & 0 \\ 78457 & 4210 & 0 & 35377 & 0 & 0 & 11677 & 0 & 0 & 2442 & 0 & 0 \\ 71412 & 15730 & 41833 & 0 & 7921 & 3283 & 15113 & 2950 & 6765 & 14953 & 10148 & 0 \\ 21360 & 0 & 15000 & 4443 & 0 & 0 & 0 & 0 & 0 & 482 & 0 & 0 \\ 5121 & 0 & 2244 & 0 & 0 & 0 & 0 & 0 & 0 & 0 & 0 & 0 \\ 48741 & 14894 & 34171 & 25854 & 6681 & 4439 & 0 & 3616 & 7247 & 15282 & 8362 & 813 \\ 8549 & 0 & 5752 & 0 & 0 & 0 & 0 & 0 & 0 & 0 & 0 & 0 \\ 11052 & 0 & 5850 & 0 & 0 & 0 & 0 & 0 & 0 & 0 & 0 & 0 \\ 15119 & 0 & 3956 & 0 & 0 & 0 & 0 & 0 & 0 & 0 & 0 & 0 \\ 24443 & 332 & 16565 & 6422 & 0 & 0 & 0 & 0 & 0 & 1240 & 0 & 0 \\ 5438 & 0 & 4606 & 0 & 0 & 0 & 0 & 0 & 0 & 0 & 0 & 0 \end{pmatrix}$$

对于 2005 年的数据,由于建设银行、工商银行、农业银行、华夏银行和浦发银行的银行间资产少于其核心资本,所以其他银行倒闭不会对这些银行造成冲击,即这些银行不会受到传染。而由双边矩阵 L 可知,中国银行和工商银行持有各银行的债权比较多,这两个银行失败会对其他银行造成影响。不同损失率下对单家银行和多家银行倒闭造成的传染效应进行分析,所以分别对这两家银行失败造成的风险传染进行系统分析,同时由于损失率对银行破产的传染造成影响,所以选取损失率分别为 0.25、0.45、0.7 和 0.9,对不同情形下的传染情况进行分析。

表 7-2 利用最小二乘法得到的 2005 年银行间风险传染过程

失败银行编号	$\theta = 0.25$	$\theta = 0.45$	$\theta = 0.7$	$\theta = 0.9$
1	无传染	无传染	无传染	10,11,12
3	无传染	无传染	无传染	无传染
1,2	无传染	无传染	无传染	10,11,12,7
1,3	无传染	无传染	5,10,11,12,7	5,7,10,11,12
1,2,3	无传染	无传染	5,10,11,12,7	5,7,10,11,12
1,3,4	无传染	11	5,7,10,11,12	5,7,10,11,12

续表

失败银行编号	$\theta = 0.25$	$\theta = 0.45$	$\theta = 0.7$	$\theta = 0.9$
1,5,7	无传染	无传染	无传染	10,11,12
1,2,3,4	无传染	11	5,7,10,11,12	5,7,10,11,12
5,7,10,11,12	无传染	无传染	无传染	无传染

当损失率取值 0.25 和 0.45 时,风险在银行间是不传染的。但是当损失率增大到一定程度时,风险在银行间开始传染。规模较大银行的破产易引起规模较小的银行发生危机,反之规模较小的银行失败,对银行系统几乎不造成什么影响。

由相对熵方法得到的 2005 年 12 家银行间双边风险敞口矩阵 L 分别如下:

$$L = \begin{pmatrix} 0 & 63770 & 110510 & 0 & 36300 & 0 & 0 & 0 & 30690 & 59600 & 43660 & 0 \\ 35560 & 0 & 0 & 0 & 0 & 0 & 0 & 0 & 0 & 0 & 0 & 0 \\ 0 & 0 & 0 & 132160 & 0 & 0 & 0 & 0 & 0 & 0 & 0 & 0 \\ 113970 & 0 & 0 & 0 & 0 & 0 & 76140 & 0 & 0 & 0 & 0 & 0 \\ 41280 & 0 & 0 & 0 & 0 & 0 & 0 & 0 & 0 & 0 & 0 & 0 \\ 0 & 0 & 0 & 0 & 0 & 0 & 0 & 0 & 0 & 0 & 0 & 7370 \\ 52950 & 0 & 100360 & 16790 & 0 & 0 & 0 & 0 & 0 & 0 & 0 & 0 \\ 0 & 0 & 0 & 0 & 0 & 12190 & 0 & 0 & 0 & 0 & 0 & 2110 \\ 720 & 0 & 0 & 0 & 7210 & 0 & 8970 & 0 & 0 & 0 & 0 & 0 \\ 19070 & 0 & 0 & 0 & 0 & 0 & 0 & 0 & 0 & 0 & 0 & 0 \\ 49000 & 0 & 0 & 0 & 0 & 0 & 0 & 0 & 0 & 0 & 0 & 0 \\ 0 & 0 & 0 & 0 & 0 & 0 & 0 & 10040 & 0 & 0 & 0 & 0 \end{pmatrix}$$

同样对单家银行和多家银行倒闭造成的传染效应进行分析,结果见表 7-3。

表 7-3　利用相对熵最小化方法得到的 2005 年银行间风险传染过程

失败银行编号	$\theta = 0.25$	$\theta = 0.45$	$\theta = 0.7$	$\theta = 0.9$
1	无传染	11	5,10,11	5,10,11

续表

失败银行编号	$\theta = 0.25$	$\theta = 0.45$	$\theta = 0.7$	$\theta = 0.9$
3	无传染	无传染	无传染	7
1,2	无传染	11	5,10,11	5,10,11
1,3	无传染	11	5,7,10,11	5,7,10,11
1,2,3	无传染	11	5,7,10,11	5,7,10,11
1,3,4	无传染	7,11	5,7,10,11	5,7,10,11
1,5,7	无传染	11	10,11	10,11
1,2,3,4	无传染	7,11	5,7,10,11	5,7,10,11
5,7,10,11,12	无传染	无传染	无传染	无传染

随着损失率的增大,倒闭银行的数量在增多,但是当损失率达到一定程度时,如损失率为 0.7 和 0.9 时,银行间风险传染效应基本是相同的。不同损失率下,容易被风险传染的银行是相同的,如损失率为 0.45 时,不管哪家银行先破产,交通和中信这两家银行被传染的概率很高。尤其是规模相对较小的中信银行几乎每次都会被传染。

用两种方法求解得到的银行间双边风险敞口矩阵还是存在差异的,最小二乘方法得到的风险敞口矩阵使得银行间的债权债务关系尽量分散,这使得传染的规模和数量发生很大改变。由表 7-2 和表 7-3 可以看出,用最小二乘方法得出的结果更加贴近现实。所以度量 2009 年银行间风险敞口矩阵利用最小二乘法构造,然后模拟风险传染,结果见表 7-4。

表 7-4　利用最小二乘法得到的 2009 年银行间风险传染过程

失败银行编号	$\theta = 0.25$	$\theta = 0.45$	$\theta = 0.7$	$\theta = 0.9$
1	无传染	无传染	无传染	无传染
3	无传染	无传染	无传染	无传染
1,2	无传染	无传染	无传染	无传染
1,3	无传染	无传染	无传染	无传染

失败银行编号	$\theta = 0.25$	$\theta = 0.45$	$\theta = 0.7$	$\theta = 0.9$
1,2,3	无传染	无传染	无传染	无传染
1,3,4	无传染	无传染	无传染	无传染
1,5,7	无传染	无传染	无传染	无传染
1,2,3,4	无传染	无传染	无传染	8
5,7,10,11,12	无传染	无传染	无传染	8

与 2005 年的数据相比较,2009 年时,这 12 家银行中只有浦发银行的银行间资产高于核心资本,所以只有这一家银行在银行的风险传染中易于被传染。

二、单个金融机构的边际风险贡献

本章选取第四章的 14 家银行作为样本银行,MES^i 的计算借鉴阿查里雅等的做法,先确定时间区间内市场收益 α 最糟糕的日期(天数),然后计算这些天内各家机构的股票收益率(R^i)的平均值的相反数,即:

$$MES^i = -\frac{1}{days_{t:system\ is\ in\ its\ \alpha\%\ tail}} \sum R_t^i \qquad (7.20)$$

由于 2007 年次贷危机出现时我国经济并未受到严重的冲击,直到 2007 年年底才对我国金融市场产生影响,到 2009 年影响基本接近尾声,因此,以 2008 年 1 月到 2008 年 12 月期间各银行的年对数收益率的相反数作为实际系统性期望损失 $\frac{SES^i}{w_0^i}$。由于在测算 MES^i 时的时间跨度一般要求 1 年,但是在 2008 年以前我国银行上市的仅有 7 家,而范小云等(2011)在对次贷危机前后中国的金融机构的边际期望损失进行了相关性检验表明,2007 年与 2009 年的 MES^i 在 5% 水平上显著相关,因此选用 2009 年 1 月到 2009 年 12 月作为测算我国金融机构在未发生危机时市场表现最差的 5% 状况下边际期望损失 $MES_{5\%}^i$ 和杠杆率的样本区间,并选取中证沪深 300 指数收益率作为测算 $MES_{5\%}^i$ 的市场收益率。

表 7-5 为我国金融机构的系统性期望损失、边际期望损失和杠杆率的描述性统计结果。结果表明,在这次巨大的美国次贷金融危机中,浦发银行的实际系统性期望损失最高,为 1.3966,中国银行的的实际系统性期望损失最低,为 0.8046,整个银行业的平均系统性期望损失为 1.0762。基于中证沪深 300 指数收益率计算的金融机构的边际期望损失,边际期望损失最大的是华夏银行,为 0.0552,其次是兴业银行,为 0.0482,边际期望损失最小的是工商银行,仅为 0.0288。我国银行的杠杆率差别比较大,最大的是平安银行,为 29.6028,其次为浦发银行,为 29.0226,南京银行的杠杆率最低,仅为 11.3868。

表 7-5 主要变量的描述性统计

变量名称	均值	标准差	最小值	中位数	最大值
系统性期望损失 SES^i ①	1.0762	0.2144	0.8046	1.0709	1.3966
边际期望损失 $MES_{5\%}^i$	0.0419	0.0067	0.0288	0.0435	0.0552
杠杆率 LVG	19.8760	4.8967	11.3868	19.1167	29.6028

实际系统性期望损失 SES^i 与未发生金融危机时市场表现最差的 5% 情况下边际期望损失 $MES_{5\%}^i$ 和 $\ln(LVG)$ 的散点图表明,SES^i 与 $\ln(LVG)$ 之间存在较好的正相关关系,即 $\ln(LVG)$ 较大的银行系统性期望损失 SES^i 较大,但是 SES^i 虽然和 $MES_{5\%}^i$ 之间存在一定的正相关关系,但是并不显著(见图 7-1)。

① SES^i 采取 2008 年 1 月至 2008 年 12 月作为样本区间;$MES_{5\%}^i$ 为基于中证沪深 300 指数作为市场收益率测算的金融机构 i 的边际期望损失,样本区间为 2009 年 1 月至 2010 年 12 月。

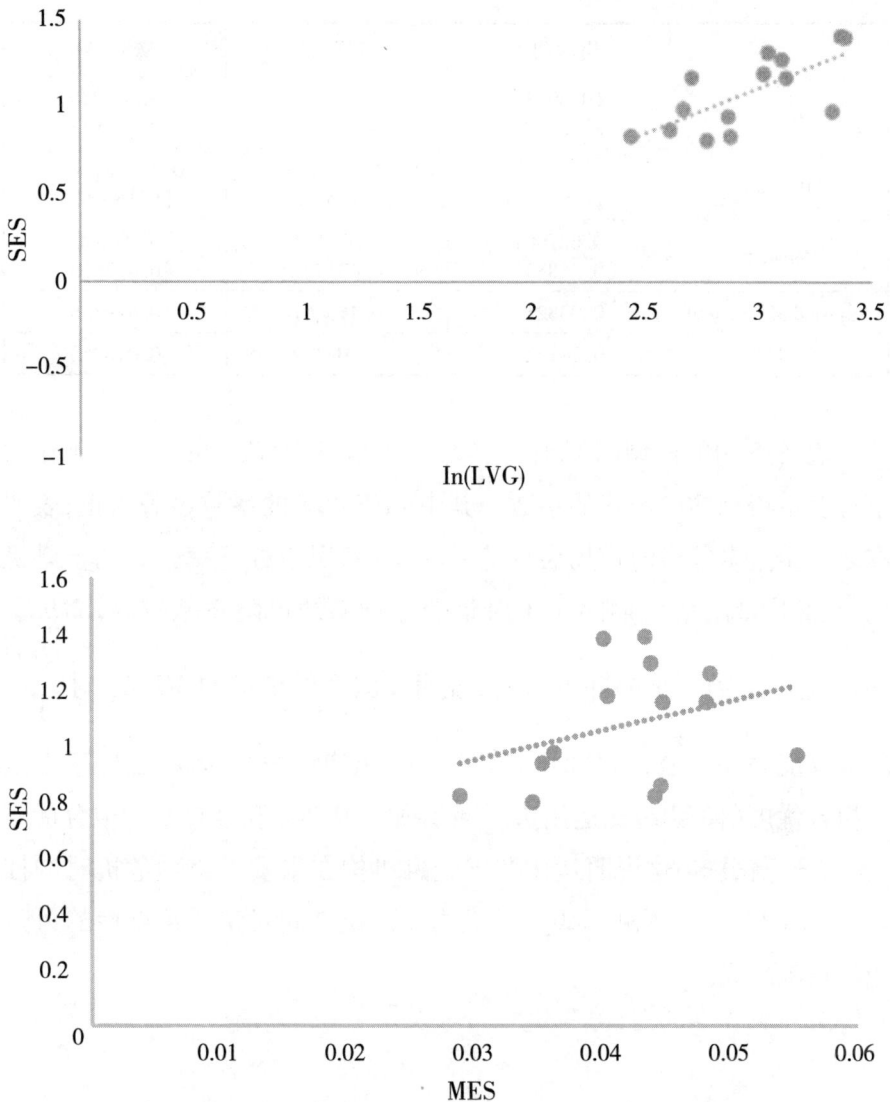

图 7-1　对数杠杆率、边际期望损失和系统性期望损失散点图

为了检验未发生金融危机时，市场表现最差的 5% 情况下边际风险贡献（$MES_{5\%}^{i}$）和杠杆率较高的银行，是否在发生系统性金融危机期间对金融系统的边际风险贡献（SES^{i}）较大，利用（7.19）进行回归分析。表 7-6 列出了采用最小二乘法的回归结果。

表 7-6   回归系数及相应参数①

变量	模型(1)	模型(2)	模型(3)
$MES_{5\%}^i$	10.69335 (8.683396)		3.424270 (7.103883)
$\ln(LVG)$		0.512144 * * * (0.145803)	0.486151 * * (0.160060)
Constant	0.627901 (0.368341)	-0.433904 (0.431941)	-0.500807 (0.467534)
Adjusted R-squared	0.038218	0.465861	0.429356
Prob>F	0.241727	0.004282	0.018258

表 7-5 中的模型(1)和模型(2)分别是将 $MES_{5\%}^i$ 和 $\ln(LVG)$ 作为解释变量得到的回归式的系数。其中 $\ln(LVG)$ 的系数显著为正,表明在未发生金融危机时市场表现最差的 5% 状况下杠杆率较高的金融机构,在此次金融危机期间对于对整个金融系统风险贡献较高, $MES_{5\%}^i$ 的系数虽然为正,但是并不显著,说明我国金融市场的 $MES_{5\%}^i$ 对 $\dfrac{SES^i}{w_0^i}$ 的解释能力并不强,同时回归模型(3)的结果也表明运用杠杆率方法的拟合优度(模型2)比运用边际期望损失 $MES_{5\%}^i$ 和杠杆率的拟合优度(模型3)高很多,这说明运用我国金融机构在未发生金融危机时的杠杆率,将能更好地预测哪些金融机构在危机期间对整个系统性的风险边际贡献较大。

---

① 括号内为标准误差, * * * 、 * * 、 * 分别代表在 1%、5%、10% 水平上显著。

第八章　系统重要性金融机构的
衡量与分析

在宏观审慎监管的横截面维度中,一个主要内容是对系统重要性金融机构的监管,本次全球金融危机破坏程度和影响范围之所以深广,不但源于顺周期性放大了冲击,还因为系统重要性银行过度关联,使冲击在金融系统和实体经济间传导。因此第三版巴塞尔协议中防范系统性风险,加强对系统重要性金融机构的识别和监管,解决"大而不能倒"等问题成为宏观审慎监管的重要组成部分。

第一节　系统重要性金融机构的界定

系统重要性金融机构是"大而不能倒"的金融机构,其相互之间往往存在较强的关联性,一旦出现危机,很容易传染到其他金融机构或其他市场,对整个金融体系的稳定具有严重的威胁(巴曙松和朱元倩,2011)。在金融体系中,一些金融机构由于其规模庞大及其在金融体系中的重要性而受到政府的关注,这些金融机构的倒闭会给其他金融机构和整个金融体系甚至整个经济社会带来重大的风险,这些金融机构被称为"大而不能倒"的金融机构。对于"大而不能倒"的问题很早已经存在,但是没有引起足够的重视,直到2008年,雷曼兄弟倒闭引发全球性金融危机才受到关注。解决"大而不能倒"问题,首先要明确什么是"大而不能倒"的金融机构,即系统重要性金融机构的界定。2009

年国际货币基金组织等对 G20 的调查中关于具有"系统重要性"机构的特征时,多数国家没有法律和正式定义,但是在评估系统重要性因素时,各国监管当局大多认为规模是划分系统重要性的最重要因素。不过在这次的国际金融危机中,最早出现问题并放大危机冲击的并非规模最大的金融机构,而是交易最活跃、与其他机构联系紧密的银行等金融机构。因此学者们呼吁关注"联系太紧而不能倒"的系统重要性金融机构和关联性问题。

目前,国际监管机构和各国监管当局对系统重要性银行的界定还没有统一的标准。由国际货币基金组织(IMF)、国际清算银行(BIS)和金融稳定委员会(FSB)在向 G20 提交的报告中,认为若某一金融机构的倒闭或危机将会损害整个金融系统,并可能造成体系内出现大范围的运行困难,且最终影响金融系统的金融服务能力,则不论这种效应是由该机构的直接影响导致的,还是由其引发的传染效应带来的,均可以认定该机构为系统重要性金融机构,因此识别系统重要性金融机构主要有三个因素:规模、关联性和不可替代性。并将每个因素都采用基于指标的方法对系统重要性金融机构进行判定,规模指标包括提供清算、支付、结算服务、信用中介服务、风险控制和管理服务的指标;关联性指标包括与其他金融机构、金融市场、国内外市场之间的资产联系,持有的 CDS 头寸等指标;不可替代性指标主要有行业集中度等指标。

巴塞尔银行监管委员会(2011)年公布了关于评估系统重要性银行的评估方法与风险吸收能力的额外要求,采用多指标综合评价的方法,确定了资产规模、跨区域活动能力、关联度、可替代性以及复杂程度五个标准对全球系统重要性银行进行识别和评价的模式。美国 2010年 7 月通过的金融监管改革法案中,采用专家投票的方式对系统重要性金融机构进行认定,评判过程中考虑的因素主要包括金融机构的规模、交易对手总的债务暴露程度、与其他金融机构之间的相互依赖关系和相互影响程度。英国金融服务管理局(FSA)依据三类因素对系统重要性金融机构进行界定：一是规模因素，二是相互关联因素，三是业务模式。相似或者持有相同类型的金融工具或者面临相同风险因素的一类企业，单个企业不具有系统重要性，但作为一类企业，具有系统重要性。

综合来看，已有的用以确定系统重要性机构的指标体系相当广泛，但是这些指标并没有一个确定的量化标准，同时过于零散，数据难以获得，因此对于这些指标在系统重要性机构的界定中的作用、标准以及这些指标的量化都需要进行理论研究和实证分析。

第二节　系统重要性金融机构的衡量方法

对于系统重要性金融机构衡量理论和方法的研究，主要可分为网络分析法、风险组合模型法、压力测试与情景分析法三大类。

一、网络分析法

网络分析可以通过两种方法来评估金融机构的系统重要性：一是通过网络中金融机构之间的相互关联性和集中度等统计指标衡量机构之间是如何联系的，来确定系统重要性金融机构；二是通过计算金融机构倒闭对网络中其他实体的影响来衡量其系统重要性。第二种方法以一种客观的方式定义系统重要性机构，能够通过模拟的方法在危机爆发前预先测度出潜在的系统性损失、危机传染范围以及传染轮次，有利于监管部门判断哪些金融机构具有系统重要性，从而在发生危机时需要介入干预，以及介入干预的时机和力度。因此，网络分析的第二种方法受到了广泛青睐。同时该分析法主要基于银行的实际资产负债表数据，对于金融市场发展较晚和不够健全的发展中国家来说，可以避免因市场数据的质量差、时间短、样本少导致的一系列问题。由于运用网络分析法的研究通常选取某一时间点的银行间横截面数据，测度银行部门系统性风险和衡量系统重要性金融机构,而宏观审慎监管要求不但应该考察横截面维度还应该关注时间维度,因此需要在衡量系统重要性银行时还应考虑银行间实际敞口时间维度上的变化,为此国际货币基金组织、国际清算银行和金融稳定理事会建议应该尽量频繁地进行网络分析。下面给出范小云等(2012)文中的金融机构的系统重要性分析方法。

假设参与一国银行间市场的该国银行数为 N,x_{ij}($x_{ij} \geqslant 0$)表示该国银行 j 对银行 i 的拆入资金和存放款头寸,即表示银行 i 直接存放于银行 j 的资产头寸,那么该国银行间的拆借关系可以表示为由元素 x_{ij} 组成的 $n \times n$ 维矩阵。若第 0 期该国银行 k 因某种原因破产,那么第 1 期该国其他银行 i 的资本总额 c_i^1 可以表示为期初的资本 c_i^0 扣除因银行 k 破产导致的损失 θx_{ik},即

$$c_i^1 = c_i^0 - \theta x_{ik} \qquad (8.1)$$

其中,θ 为损失率,即银行 k 破产导致其对银行 i 的同业存放款项和拆入资金中比例 θ 不能偿还,$\theta \in [0,1]$。令 $L_{i|k}^1$ 表示第 1 期银行 i 因银行 k 破产而发生的损失,则

$$L_{i|k}^1 = c_i^0 - c_i^1 = \theta x_{ik} \qquad (8.2)$$

显然,第 1 期该国银行 i 因银行 k 破产而发生的损失 $L_{i|k}^1$ 是一种条件损失,即在银行 k 发生危机破产的前提条件下面临的损失,其反映了银行 k 破产对银行 i 的风险外溢程度,或者银行 k 破产对银行 i 产生的负向外部性。如果银行 i 第 1 期的条件损失大于期初资本,即 $L_{i|k}^1 > c_i^0$ 或者 $c_i^1 < 0$,则定义银行 i 破产。

由于银行 k 与国内其他多家银行相互关联,银行 k 破产可能导致银行系统内多家银行同时发生损失。令 $L_{s|k}^1$ 表示第 1 期该国银行系统因银行 k 破产而发生的系统性损失,B 表示该国银行的全体构成的集合,则

$$L_{s|k}^1 = \sum_{i \in B-\{k\}} L_{i|k}^1 = \sum_{i \in B-\{k\}} (c_i^0 - c_i^1) = \sum_{i \in B-\{k\}} \theta x_{ik} \qquad (8.3)$$

令 N^1 表示第 1 期因银行 k 破产导致破产的该国银行组成的集合,则:

$$N^1 = \{i \in B - \{k\} : L_{i|k}^1 > c_i^0 \,|\, c_i^0 > 0\}$$

$$= \{i \in B - \{k\} : \theta x_{ik} > c_i^0 \,|\, c_i^0 > 0\} \qquad (8.4)$$

由于第 1 期破产的银行 i（$i \in N^1$）与国内其他银行也存在相互关联,银行 i 破产将导致其他在第 1 期尚未破产的银行 j（$j \in B - \{k\}$ 且 $j \notin N^1$）在第 2 期也发生损失,那么第 2 期银行 j 的条件损失为:

$$L_{j|N^1}^2 = c_j^1 - c_j^2 = \sum_{i \in N^1} \theta x_{ji} \qquad (8.5)$$

令 N^2 表示第 2 期破产的银行集合,则:

$$N^2 = \{j \in B - \{k\} - N^1 : L_{j|N^1}^2 > c_j^1 \,|\, c_j^1 > 0\}$$

$$= \left\{j \in B - \{k\} - N^1 : \sum_{j \in N^1} \theta x_{ji} > c_j^1 \,|\, c_j^1 > 0\right\} \qquad (8.6)$$

至第 2 期末,因银行 k 破产导致的总破产银行数 $N_k = N^1 + N^2$,系统性损失为:

$$L_{s|k}^2 = \sum_i L_{i|k}^1 + \sum_j L_{j|N^1}^2 = \left(\sum_{i \in B-\{k\}} \theta x_{ik} + \sum_{i \in B-\{k\}-N^1} \sum_{i \in N^1} \theta x_{ji}\right) \quad (8.7)$$

若国内银行的破产风潮一直持续到第 T 期才不会再有银行发生倒闭,那么因银行 k 破产导致的最终总破产银行和系统性损失分别为:

$$N_k = \sum N^t$$

$$= \{i \in B - \{k\} : L_{i|k}^1 > c_i^0 \,|\, c_i^0 > 0\}$$

$$+ \sum_{t=2}^T \left\{j \in B - \{k\} - \bigcup_{i=1}^{t-1} N^i : L_{j|N^{t-1}}^t > c_j^{t-1} \,|\, c_j^{t-1} > 0\right\}$$

$$= \{i \in B - \{k\} : \theta x_{ik} > c_i^0 \,|\, c_i^0 > 0\}$$

$$+ \sum_{t=2}^T \left\{j \in B - \{K\} - \bigcup_{i=1}^{t-1} N^i : \sum_{i \in N^t} \theta x_{ji} > c_j^{t-1} \,|\, c_j^{t-1} > 0\right\} \quad (8.8)$$

$$L_{s|k}^T = \sum_i L_{i|k}^1 + \sum_j L_{j|N^1}^2 + \cdots + \sum_j L_{j|N^{t-1}}^T$$

$$= \sum_{i \in B-\{k\}} \theta x_{ik} + \Big(\sum_{j \in B-\{k\}} {}_{-N^i} \sum_{i \in N^i} \theta x_{ji} + \cdots + \sum_{j \in B-\{k\}} {}_{-\overset{T-1}{\underset{i=1}{\cup}}N^i} \sum_{i \in N^{T-1}} \theta x_{ji} \Big)$$

$$(8.9)$$

其中 $\overset{t-1}{\underset{i=1}{\cup}}N^i$ 表示集合 N^i 之间的并集。由(8.8)式和(8.9)式可见,因银行 k 破产导致的最终总破产银行和系统性损失均可分解成两个主要组成部分:第一部分为银行 k 破产的直接影响,该部分破产数量和系统性损失直接与 x_{ik} 和 θ 正相关;第二部分为银行 k 破产的间接影响,该部分源于银行 k 破产导致其他银行倒闭产生的传染效应,该部分破产数量和系统性损失通过影响中间传染银行也与 x_{ik} 间接相关。

下面通过定量的方式定义系统性重要银行,如果银行 k 破产通过直接影响或通过传染效应间接影响导致该国银行的破产数目 N_k 达到某一临界值 $N_T(T \geq 1)$,或系统性损失 $L_{s|k}^T$ 达到某一临界损失 L_T $(L_T > 0)$,即:

$$N_k = \{i \in B - \{k\} : \theta x_{ik} > c_i^0 \mid c_i^0 > 0\} +$$

$$\sum_{t=2}^{T} \Big\{ j \in B - \{k\} - \overset{t-1}{\underset{i=1}{\cup}} N^i : \sum_{i \in N^{t-1}} \theta x_{ji} > c_j^{t-1} \mid c_j^{t-1} > 0 \Big\}$$

$$\geq N_T$$

$$(8.10)$$

$$L_{s|k}^T = \sum_{i \in B-\{k\}} \theta x_{ik} + \Big(\sum_{j \in B-\{k\}} {}_{-N^i} \sum_{i \in N^i} \theta x_{ji} + \cdots + \sum_{j \in B-\{k\}} {}_{-\overset{T-1}{\underset{i=1}{\cup}}N^i} \sum_{i \in N^{T-1}} \theta x_{ji} \Big) \geq L_T$$

$$(8.11)$$

则称银行 k 具有系统重要性。

由网络分析法定义的系统重要性机构的定义可知:(1)通过分析银行间负债,与其他银行关联性越高的银行越容易引发系统性危机,即诱发系统性危机要求的损失率临界值越低。(2)在同样的损失率和破产期数条件下,与国内其他银行负债关联性较高的系统重要性银行破产,将导致更多的银行破产和更大的系统性损失。

二、风险组合模型法

风险组合模型法,也被称为简式法,该方法是由衡量证券组合风险的方法发展而来,将整个系统看成是金融机构的组合来衡量系统性风险。这种方法可以识别组成系统的各机构的共同风险因素,跟踪某一机构出现问题将如何影响其他机构,以及度量单个金融机构对整个系统的风险贡献,衡量系统重要性金融机构。艾德里安和布伦纳迈尔(Adrian 和 Brunnermerier,2011)应用 CoVaR 的方法去计算金融机构的系统重要性程度,将 CoVaR 定义为在特定金融机构存在风险压力条件下整个金融系统的 VaR 与正常条件下整个金融系统 VaR 的差。风险组合模型法的优点在于采用公开的市场数据,对于金融市场发达的国家来说数据容易获得;其次,市场数据反映了对金融机构未来表现的预期,具有前瞻性;此外,采用频率较高的市场数据能够及时反映系统性风险在时间维度上的变化。但是此类方法适用于具有足够数量的上市时间较长的金融市场,而且假设金融机构的股票价格等市场数据能够充分反映风险状况。

如果将金融机构的整合风险作为该金融机构的系统性风险的一种替代方式,将整个金融机构在危机发生情形下的该金融机构的整合风险(损失额度)的 CVaR 与正常条件下该金融机构的 CVaR 的差作为衡量该机构对系统性风险的边际贡献,即定义:

$$L_t^i = (CVaR_c^i - CVaR_{to}^i) \times w_t^i \qquad (8.12)$$

其中 w_t^i 表示第 i 个金融机构第 t 年的所有者权益,$CVaR_c^i$ 表示第 i 个金融机构在危机发生情形下的 $CVaR$,$CVaR_{to}^i$ 表示第 i 个金融机构在第 t 年的 $CVaR$,由于 $CVaR$ 多数是损失率来表示,因此对于整个银行的损失可以表示为损失率的 $CVaR$ 与所有者权益的乘积,通过每个银行对系统性风险的边际贡献来定义系统重要性银行。

如果银行 i 对系统性风险的边际贡献 L_t^i 达到某一临界损失

$L(L > 0)$，即：

$$L_t^i \geq L \qquad (8.13)$$

则称银行 i 具有系统重要性。

三、压力测试与情景分析法

由于导致金融机构具有系统重要性的系统性事件只在特定市场冲击条件下出现，一种常用来评估潜在市场冲击的方法是压力测试与情景分析法。该方法强调系统重要性金融机构的潜在状态条件特征，通过压力测试可以评估假定市场冲击的影响。在美国次贷危机最严重时（2009 年 2 月底），美国政府对 19 家最大的银行进行的资本监管评估计划（SCAP）即为典型的压力测试。高蒂尔等（Gauthier 等，2009）使用加拿大银行系统的单个银行的贷款规模、风险暴露以及包括 OTC 等场外交易衍生工具在内的银行间关联数据，使用压力测试比较了成分 VaR、增量 VaR、两种方式的 Shapley Value 以及 CoVaRs 的系统性风险分配方法的效果。压力测试与情景分析法的缺陷在于通常只能捕捉市场对金融机构的影响，而不能反映金融机构的反馈作用，而系统重要性银行衡量的目的主要在于考察金融机构对市场的作用，明确哪些银行可能成为系统性金融危机诱发源、在危机中对金融系统的负向影响较大。

第三节　衡量系统重要性金融机构的实证分析

一、网络分析法实证分析

本章数据来源于各银行（含所有国有商业银行、股份制商业银行、邮政储蓄银行、政策性银行和规模较大的城市商业银行和农村商业银行）公开披露的 2007—2009 年年报，采用最大熵方法估计了 2007—

2009 年中国银行间市场的借贷关联矩阵。并基于上述借贷关联矩阵，模拟我国各银行作为系统性危机的诱导因素，在各种可能的损失率条件下，导致的银行破产数量以及银行部门的资本损失。

　　假设任何一家银行均有可能破产，导致银行破产数 $N_T = 1$，银行破产导致中国银行业权益资本总损失 $L_T = 1$ 万亿元，利用（8.10）和（8.11）计算中国的系统重要性银行，结果如表 8-1 所示。

表 8-1　中国系统重要性银行的衡量与损失率临界值①

银行名称	2007 年 损失率临界值		2008 年 损失率临界值		2009 年 损失率临界值	
	按破产数目大于等于1	按系统性损失大于1万亿元	按破产数目大于等于1	按系统性损失大于1万亿元	按破产数目大于等于1	按系统性损失大于1万亿元
工商银行	0.13	0.24	0.09	0.26	0.14	0.35
农业银行	0.23	0.33	0.16	0.29	0.17	0.38
中国银行	0.14	0.25	0.06	0.24	0.1	0.17
建设银行	0.81	—	0.12	0.27	0.26	0.45
交通银行	0.48	0.66	0.14	0.33	0.39	0.50
中信银行	—		0.67	0.67	0.29	0.46
光大银行	0.66	0.86	0.22	0.32	0.24	0.43
华夏银行	0.31	0.45	0.2	0.32	0.57	0.57
广东发展银行	—	—	0.48	0.48	—	—
深圳发展银行	0.97	—	0.6	0.6	0.82	0.82
招商银行	—		0.3	0.35	0.69	0.69
浦东发展银行	—		0.1	0.31	0.35	0.49
兴业银行	0.55	0.74	0.21	0.32	0.55	0.55
民生银行	0.49	0.67	0.21	0.32	0.61	0.61

　　①　表中未标注损失率临界值以及未包含的银行为按照衡量标准不具有系统重要性的银行。

续表

银行名称	2007 年		2008 年		2009 年	
	损失率临界值		损失率临界值		损失率临界值	
	按破产数目大于等于 1	按系统性损失大于 1 万亿元	按破产数目大于等于 1	按系统性损失大于 1 万亿元	按破产数目大于等于 1	按系统性损失大于 1 万亿元
北京银行	—	—	0.67	0.67	—	—
国家发展银行	—	—	0.15	0.30	0.31	0.47
进出口银行	—	—	0.45	0.45	0.55	0.65
农业发展银行	0.47	0.65	0.15	0.33	0.29	0.65

由表 8-1 可知:2007 年总共有 11 家、2008 年总共有 18 家、2009 年总共有 16 家破产,并且由两种定义方式的模拟结果可以看出,我国的 5 家国有商业银行在 2007—2009 年间均具有系统重要性,我国的部分股份制商业、政策性银行以及城市商业银行,如果倒闭也能诱发其他银行破产、造成较大的系统性损失。

系统重要性银行的破产损失衡量主要有两个方面,一方面是破产银行数,另一方面是系统性损失,表 8-2 给出了不同损失率条件下,我国各银行作为可能的系统性危机诱发因素导致的破产数和系统性损失。

表 8-2　我国系统重要性银行的破产损失模拟值

破产银行数		系统性损失(10 亿元)	
银行名称	平均值	银行名称	平均值
中国银行	116	工商银行	2648
工商银行	112	中国银行	2432
农业银行	101	国家开发银行	2198

续表

破产银行数		系统性损失（10亿元）	
国家开发银行	96	农业银行	2171
浦东发展银行	96	建设银行	1843
华夏银行	83	浦东发展银行	1811
广东发展银行	79	中信银行	1634
交通银行	79	交通银行	1618
招商银行	75	华夏银行	1554
民生银行	71	招商银行	1519
兴业银行	71	进出口银行	1508
光大银行	70	民生银行	1471
农业发展银行	70	农业发展银行	1467
进出口银行	70	光大银行	1444
中信银行	68	兴业银行	1438
建设银行	66	广东发展银行	1334
北京银行	51	北京银行	972
深圳发展银行	30	深证发展银行	723

　　2007—2009 年间作为系统性危机诱发因素导致银行破产数平均最多的前五家银行依次为中国银行、中国工商银行、中国农业银行、国家开发银行和浦东发展银行,造成系统性损失平均最多的前五家银行依次为中国工商银行、中国银行、国家开发银行、中国农业银行和中国建设银行。

　　贾彦东(2011)①基于银行间支付的实际结算数据,对金融机构的系统重要性衡量进行了探讨,将传染冲击造成的系统损失称为对"直

---

　　① 贾彦东:《金融机构的系统重要性分析——金融网络中的系统风险衡量与成本分担》,《金融研究》2011 年第 10 期,第 29 页。

接贡献"的衡量,利用 Shapley Value 方法给出了金融机构的"间接参与贡献"的衡量,最后所得结果如表8-3所示。

表8-3 基于直接影响贡献和间接参与贡献的中国系统重要性银行

银行名称	间接参与贡献	直接影响贡献	总的系统风险贡献	系统重要性排序
工商银行	0.1234	0.2146	0.3380	1
建设银行	0.1136	0.1584	0.2720	2
农业银行	0.0901	0.1274	0.2176	3
中国银行	0.0625	0.1105	0.1730	4
交通银行	0.0618	0.0976	0.1594	5
兴业银行	0.0503	0.0720	0.1223	6
招商银行	0.0365	0.0728	0.1093	7
中信银行	0.0311	0.0688	0.0999	8
民生银行	0.0398	0.0420	0.0818	9
国家开发银行	0.0307	0.0499	0.0806	10
光大银行	0.0330	0.0462	0.0792	11
浦东发展银行	0.0201	0.0481	0.0682	12
华夏银行	0.0293	0.0321	0.0614	13
汇丰银行(中国)	0.0045	0.0336	0.0381	14
花旗银行	0.0054	0.0309	0.0364	15

比较表8-2和表8-3可以知道,虽然都是利用银行间的网络结构,一个是利用最大熵方法得到的风险暴露矩阵,另一个是基于银行间的实际结算数据,所以两种方法得到的系统重要性银行的顺序并不完全相同,但是可以看出大型国有银行都是系统重要性金融机构。

二、风险组合模型法实证分析

假设 $L = 1000$(单位 10 亿元)。利用(8.12)计算中国的系统重要性银行,结果如表8-4所示。

表8-4 基于边际贡献的中国系统重要性银行

银行名称	2009年边际贡献（亿元）	2010年边际贡献（亿元）	2011年边际贡献（亿元）	2012年边际贡献（亿元）	2013年边际贡献（亿元）	2014年边际贡献（亿元）
工商银行	13.0989	27.9131	—	46.6742	—	39.0704
建设银行	152.0449	206.5054	191.8346	118.4913	210.002	12.5250
中国银行	24.1899	79.4982	138.1394	159.7253	156.2454	—
交通银行	—	60.0564	24.4181	99.9688	84.4582	22.0122
中信银行	14.7316	11.7122	40.0138	17.6633	10.6785	19.4539
招商银行	11.0754	24.0283	36.8045	40.7368	36.1171	46.2557
兴业银行	11.5367	11.9343	28.4939	58.7002	58.7002	83.0261
华夏银行	—	—	—	11.0212	11.6234	—
民生银行	—	11.4411	14.5918	14.7912	—	—
平安银行	—	—	—	—	—	—
浦发银行	—	23.1997	34.3580	40.0946	19.6567	44.9092
南京银行	—	—	—	—	—	—
宁波银行	—	—	—	—	—	—
北京银行	—	—	—	—	—	—

2009—2014年间作为系统性重要银行的主要是中国建设银行、中国工商银行、中国银行、交通银行、中信银行、招商银行、兴业银行和浦东发展银行。但是中国工商银行在2011年和2013并不是系统重要性银行，中国银行在2014年，交通银行和浦发银行在2009年不是系统重要性银行，与网络分析方法得到的结果有较大差异，这主要是由于中国的银行上市时间比较短，上市的数量比较少，不能充分反映银行的系统重要性。

第四节　结论和政策建议

系统重要性银行的衡量主要涉及宏观审慎中对银行资本的监管，巴塞尔委员会在第三版巴塞尔协议下对资本监管框架进行了改进，将一系列宏观审慎工具引入资本框架,解决金融机构的相互关联性以及系统性风险。由于系统重要性金融机构给金融体系带来了严重的系统性风险,所以要求其吸收损失的能力应该更强,资本要求应该更高,因此对于系统重要性银行提出系统重要性附加或系统重要性税等额外资本要求,以期希望通过增加系统重要性银行的附加资本解决"大而不能倒"的金融机构的监管问题。

通过网络分析方法对系统重要性银行的衡量的比较可以看出,"大而不能倒"的金融机构不但和银行的规模相关,而且和银行间的关联性相关,因此"大而不能倒"的金融机构实际上是"联系太紧而不能倒"的金融机构。对于金融机构之间的联系,利用网络分析方法可以进行刻画,通过对我国银行资产负债表数据模拟发现,无论是按照各银行作为危机诱发因素导致的银行破产数或者银行部门资本损失定义系统重要性银行,还是按照直接贡献和间接贡献来定义系统重要性银行,我国五大国有商业银行基本都具有系统重要性。通过银行间负债与其他银行关联程度较高的银行,一旦出现问题将导致较多的银行破产和较大的银行部门资本损失,与银行资产规模相比,银行间负债关联程度是决定银行系统重要性的更为重要的因素,因此若简单地把资产规模作为衡量银行系统重要性的首要因素,忽视对银行关联性问题的足够重视,显然不利于维护我国金融稳定。加强对那些在规模上虽然不是最大、但与其他银行联系紧密,尤其是对其他银行负债较高的银行监管是非常必要的。在增强对我国系统重要性银行监管时,不但需要关注规模,对关联性尤其是银行间的负债关联程度更需紧密关注。

参 考 文 献

［1］巴塞尔银行监管委员会：《统一资本计量和资本标准的国际协议：修订框架》，中国金融出版社 2004 年版。

［2］巴曙松、朱元倩：《巴塞尔资本协议 III 研究》，中国金融出版社 2011 年版。

［3］迟国泰、董贺超、孙秀艳：《基于多期动态优化的银行资产组合决策模型》，《系统工程理论与实践》2007 年第 2 期。

［4］迟国泰、孙秀艳、董贺超：《基于信用等级修正和半绝对离差风险的银行资产组合优化模型》，《系统工程理论与实践》2006 年第 8 期。

［5］范小云、王道平、方意：《我国金融机构的系统型风险测度与监管——基于边际风险贡献与杠杆率的研究》，《南开经济研究》2011 年第 4 期。

［6］范小云、王道平、刘澜飚：《规模、关联性与中国系统重要性银行的衡量》，《金融研究》2012 年第 11 期。

［7］洪忠诚、迟国泰、许文：《基于信用风险迁移条件风险价值最小化的贷款组合优化模型》，《系统管理学报》2009 年第 18 卷第 3 期。

［8］侯成琪、王频：《基于连接函数的整合风险度量研究》，《统计研究》2008 年第 25 卷第 11 期。

［9］贾彦东：《金融机构的系统重要性分析——金融网络中的系统风险衡量与成本分担》，《金融研究》2011 年第 10 期。

［10］李建平、丰吉闯、宋浩、蔡晨：《风险相关性下的信用风险、市场风险和操作风险集成度量》，《中国管理科学》2010 第 1 期。

［11］李晓庆、方大春、郑垂勇：《基于结构化模型的企业短期融资券信用溢价研究》，《证券市场导报》2006 年第 12 期。

［12］卢芹：《中国金融风险预警机制研究》，重庆大学硕士学位论文，2012 年。

［13］刘小莉：《信用风险与市场风险相关性的度量研究》，《世界经济情况》2006 年第 7 期。

［14］马丽、权聪娜、李博：《基于 Copula-Monte Carlo 的我国商业银行整合风险度量》，《系统工程》2010 年第 28 卷第 9 期。

［15］彭俊：《基于 Bayes-Copula 方法的商业银行操作风险度量》，中南大学硕士学位

论文,2010 年。

[16]王宗润:《金融风险测度与集成研究——基于 Copula 理论与方法》,科学出版社 2014 年版。

[17]韦艳华、张世英:《Copula 理论及其在金融分析上的应用》,清华大学出版社 2008 年版。

[18]谢云山:《信用风险与利率风险的相关性分析》,《国际金融研究》2004 年第 10 期。

[19]徐国祥:《金融统计学》(第二版),上海人民出版社 2016 年版。

[20]许文、董贺超、迟国泰:《商业银行贷款组合动态优化模型研究》,《管理学报》 2006 年第 3 卷第 6 期。

[21]张程、顾乾屏、冯铁、唐宁、王伟:《基于迁移矩阵的信贷风险分析》,《金融理论与 实践》2006 年第 11 期。

[22]张金清、李徐:《资产组合的集成风险及其应用——基于最优拟合 Copula 函数的 VaR 方法》,《系统工程理论与实践》2008 年第 6 期。

[23]张金清:《金融风险管理》(第二版),复旦大学出版社 2011 年版。

[24]张尧庭:《连接函数(Copula)技术与金融风险分析》,《统计研究》2002 年第 4 期。

[25]周孝坤:《公司债券定价结构化模型实证分析》,《社会科学家》2006 年第 7 卷。

[26]朱霞:《基于 VaR 方法的市场风险和信用风险的度量》,《统计与决策》2008 第 3 期。

[27]Aas,K.,Dimakos,X.K.,ksendal,A.,"Risk Capital Aggregation",*Risk Management*, No.9,2007.

[28]Acharya, V., Pedersen, L., Philippon, T., Richardson, M., "Measuring Systemic Risk",*Working Paper*,*New York University*,2010.

[29]Acharya, V. V., "A Theory of Systemic Risk and Design of Prudential Bank Regulation", *Journal of Financial stability*,No.5,2009.

[30]Acerbi,C.,Tasche,D.,"On the Coherence of Expected Shortfall",*Journal of Banking and Finance*,No.26,2002.

[31]Adam, A., Houkari, M., Laurent, J.P., "Spectral Risk measures and portfolio selection",*Journal of Banking and Finance*,Vol.32,2008.

[32]Adams, Z., Füss, R., Gropp, R., "Modeling Spillover Effects Among Financial Institutions:A State－Dependent Sensitivity Value－at－Risk (SDS VaR) Approach", *EBS Working Paper*,2010.

[33]Adrian, T., M.Brunnermeier, "Co-VaR",*NBER Working Paper*,2011.

[34]Alessandri, P., Drehmann, M., "An Economic Capital Model Integrating Credit and Interest Rate Risk",*Journal of Banking and Finance*,Vol.34,No.4,2010.

[35]Alexander,C., Pezier, J., "On the Aggregation of Market and Credit Risks", *ISMA*

Centre Discussion Papers in Finance, 2003, No.2003-2013.

[36] Allen, F., Gale, D., "Financial Contagion", *Journal of political Economy*, Vol.108, No.1, 2000.

[37] Artzner, P., Delbaen, F., Eber, J.M., Heath, D., "Thinking Coherently", *Risk*, Vol.10, No.11, 1997.

[38] Artzner, P., Delbaen, F., Eber, J. M., Heath, D., "Coherent Measures of Risk", *Mathematical Finance*, Vol.9, No.3, 1999.

[39] Bevan, A., Garzarelli, F., "Corporate Bond Spreads and the Business Cycle: Introducing GS-SPREAD", *The Journal of Fixed Income*, Vol.3, 2000.

[40] Billio, M. M., Getmansky, M., Lo, A. W., Pelizzon, L., "Econometric Measures of Systemic Risk in the Finance and Insurance Sectors", *NBER Working Paper* 16223, 2010.

[41] Bisias, D., Flood, M., Andrew, W. L., Valavanis, S., "A Survey of Systemic Risk Analytics", *Annual Review of Financial Economics*, Vol.4, No.76502012.

[42] Brendan, O. B. and Taqqu, M. S., "Financial Risk and Heavy Tails", *Heavy-tailed distributions in Finance*, Svetlozar, T., Racher, editor, North Holland, 2002.

[43] Breuer, T., Jandacka, M., Rheinberger, K., Summer, M., "Does Adding Up of Economic Capital for Market and Credit Risk Amount Always to Conservative Risk Estimates?", *Journal of Banking and Finance*, Vol.34, 2012.

[44] Barnhill Jr, T.M. and Maxwell, W.F., "Modeling correlated market and credit risk in fixed income portfolios", *Journal of Banking and Finance*, No.26, 2002.

[45] Chan, N., Getmansky, M., Haas, S. and Lo, A ., "Systemic Risk and Hedg Funds", *NBER Working Paper*, 2005.

[46] Chen, Z., "Are Banks Too Big to Fail Measuring Systemic Importance of Financial Institutions", *International Journal of Central Banking*, Vol.4, No.6, 2010.

[47] Crockett, A., "Marrying the Micro-and Macro-Prudential Dimensions of Financial Stability", *BIS Speeches*, 2000.

[48] Christoffersen, F., "Evaluating Interval Forecasts", *International Economic Review*, No.4, 1998.

[49] Davis, E.P., *Debt, Financial Fragility, and Systemic Risk*, Clarendon Press, 1992.

[50] Dimakos, X. K. and Aas, K., "Integrated Risk Modeling", *Statistical Modelling*, No.4, 2004.

[51] Dow, J., "What is Systemic Risk? Moral Hazard, Initial Shocks, and Propagation", *Monetary and Economic Studies*, Vol.18, No.2, 2000.

[52] Drehmann, M., Sorensen, S., Stringa, M., "The Integrated Impact of Credit and Interest Rate Risk on Banks: A Dynamic Framework and Stress Testing Application", *Journal of Banking and Finance*, Vol.34, No.4, 2010.

［53］Eisenberg, L., Noe, T. H., "Systemic Risk in Financial Systems", *Management Science*, No.47, 2001.

［54］Elsinger, H., Lehar, A., "Risk Assessment for Banking Systems", *Management Science*, No.52, 2006.

［55］Embrechts, P., McNeil, A. J., Straumann, D., *Correlation and Dependence in Risk Management: Properties and Pitfalls*, Cambridge University Press, 2002.

［56］Embrechts, P., Lindskog, F., McNeil, A., "Modelling Dependence with Copulas and Applications to Risk Management", *Handbook of Heavy-tailed Distributions in Finance*, 2003.

［57］ECB, "Financial Networks and Financial Stability", *Financial Stability Review*, 2010.

［58］Fernandea, V., "Copula - based Measures of Dependence Structure in Assets Returns", *Physica A Statistical Mechancis and its Applications*, No.387, 2008.

［59］Frankel, J. A., Rose, A. K., "Currency Crashes in Emerging Markets: An Empirical Treatment", *Journal of International Economics*, Vol.41, 1996.

［60］Gauthier, C., Lehar, A., Souissi, M., "Macroprudential Capital Requirements and Systemic Risk", *Working Paper, Bank of Canada*, 2009.

［61］Genest, G., Rémillardb, B., Beaudoinc, D., "Goodness-of-fit Tests for Copulas: A Review and a Power Study", *Insurance: Mathematics and Economics*, No.44, 2009.

［62］Genest, G., Mackay, R. J. M., "Copulas Archimediennes et Familles De Lois Bidmensionnelles Dont Les Marges Scont Donnees", *The Canadian Journal of Statistics*, Vol.2, No.14, 1986.

［63］George, Kaufman, G., Scott, K.E., "What is Systemic Risk, and Do Bank Regulations Retardou Contribut to It?", *The Independents Review*, No.3, 2003.

［64］Gilchrist, S., Yankov, V., Zakrajsek, E., "Credit Market Shocks and Economic Fluctuations: Evidence from Corporate Bond and Stock Market", *Journal of Monetary Economics*, Vol.56, 2009.

［65］Guntay, L., Hackbarth, D., "Corporate Bond Credit Spreads and Forecast Dispersion", *Journal of Banking and Finance*, No.34, 2010.

［66］Hu, L., "Dependence Patterns across Financial Markets: A Mixed Copula Approach", *Applied Financial Economics*, Vol.10, No.16, 2006.

［67］Hwang, Y. S., Min, H. G., McDonald, J. A., Kim, H., Kim, B. H., "Using the Credit Spread as an Option-risk Factor: Size and Value Effects in CAPM", *Journal of Banking and Finance*, No.34, 2010.

［68］IMF, BIS, FSB, "Guidance to Assess the Systemic Importance of Financial Institutions, Markets and Instruments: Initial Consideration", *Report to G20 finance ministers and governors*, 2009.

［69］Joe, H., Xu, J., "The Estimation Method of Inference Functions for Margins for

Multivariate Models", *Department of Statistics University of British Columbia*, *Technical Report*, 1996.

[70] Kaminsky, G. L. and Reinhart, C. M., "The Twin Crises: the Causes of Banking and Balance-of-payments Problems", *American Economic Review*, No.89, 1999.

[71] Kapadia, S., Drehmann, M., Elliott, J., Sterne, G., "Liquidity Risk, Cash Flow Constraints, and Systemic Feedbacks", *working paper*, Bank of England, 2009.

[72] Kaufman, G. G., "Comment on Systemic Risk", *Research in Financial Services: Banking Financial Markets and Systemic Risk*, No.7, 1995.

[73] Kupiec, P., "Techniques for Verifying the Accuracy of Risk Measurement Models", *Journal of Derivatives*, No.3, 1995.

[74] Kupiec, P., Nickseron D., "Assessing Systemic Risk Exposure from Banks and GSEs under Alternative Approaches to Capital Regulation", *The Journal of Real Estate Finance and Economics*, No.28, 2004.

[75] Li, D. X., "On Default Correlation: a Copula Function Approach", *Journal of Fixed Income*, Vol.9, 2000.

[76] Liu, W., Miu, P., Chang Y., Ozdemir B., "Information Asymmetry and Bank Regulation: Can the Spread of Debt Contracts be Explain by Recovery Rates", *Journal of Finance Intermediation*, Vol.1, No.21, 2011.

[77] Longin, F., Solnik, B., "Extreme Correlation of International Equity Markets", *Journal of Finance*, No.56, 2001.

[78] Lucatelli, A., *Financial Fragility, Systemic Risk, and Transnational Regimes, Finance and World Order*, Greenwood Press, London, 1997.

[79] Mikes, A., "Enterprise risk management in action", *London School of Economics and Politucal Science*, 2005.

[80] Mishikin, F., "Comment on Systemic Risk", *Research in Financial Services: Banking, Financial Markets, and Systemic Risk*, Vol.7, 1995.

[81] Moussa, A., "Contagion and Systemic Risk in Financial Networks", *Ph. D. thesis*, Columbia University, 2011.

[82] Nakashima, K., Saito, M., "Credit Spreads on Corporate Bonds and the Microeconomic in Japan", *Journal of the Japanese and International Economies*, No.23, 2009.

[83] Rockafeller, T., Uryasev, S., "Optimization of Conditional Value at Risk", *Journal of Risk*, No.3, 2000.

[84] Rosenberg, J., Schuermann, T., "A General Approach to Integrated Risk Management with Skewed, Fat-tailed Risks", *Journal of Financial Economics*, No.3, 2006.

[85] Sachs, J., A. Tornell, A. Velasc, O., "Financial Crises in Emerging Markets: The Lessons from 1995", *NBER Working Paper*, 1996.

[86]Senior Supervisors Group,"Observations on Risk Management Practices During the Recent Market Turbulence",2008.

[87] Szego, G.,"Measures of risk", *European Journal of Operational Research*, No.163,2005.

[88]Thierry, A., Kharoubi, C.,"Dependence Structure and Risk Measure", *Journal of Business*,No.3,2003.

[89]Turnbull,J.,"The Intersection of Market and Credit Risk", *Journal of Banking and Finance*,No.24,2000.

[90]Ward,D.B., Lee,P.H., Nasserzadeh, V., Swithenbank,J., McLeod,C.W., Clarkson, P.,John,John,L., Mike,H.,"Measurement of Dioxins in Waste Incinerator Fly Ash Residues and Their Destruction by Sintering", *Journal of Solid Waste Technology and Management*, Vol.28,No.1,2002.

[91]Xu,S., Wang,P.,"A Study on Risk Measurements Exceeding VaR:TCE,CVaR and ES",*Management Track in WiCom*,2007.